Neckigkeiten verbinden

Es war der Wiesbadener Neroberg, auf den mich, in Mainz geboren, schon als Kind in den 1950er-Jahren mancher Sonntagsausflug mit den Eltern führte. Ebenfalls beeindruckt war ich von den dampfenden Quellen in der hessischen Landeshauptstadt und auch zum jährlichen Mantelkauf ging es meist nach Wiesbaden, wo einige meiner Verwandten zu Hause waren. Später waren die ehemaligen Rhein-Main-Hallen, jüngst zum topmodernen RheinMain CongressCenter 22 umgestaltet, beliebtes Ziel, wenn Pop-Heroen – wie im April 1967 The Who – zum Konzert baten. Unvergesslich, wie Pete Townshend damals seine Gitarre zertrümmerte! Heute locken mich eher die Wohlfühl-Thermalbäder wie die Kaiser-Friedrich-Therme 9, stilvolle Cafés wie das Maldaner (s. S. 101) oder topmoderne Restaurants wie das Chefstable by Martino Kitchen (s. S. 28) über den Rhein.

Natürlich kenne ich die Witze der Mainzer über die Hessen am Taunusrand – und umgekehrt die der Kurstädter über die närrischen Humorbolzen auf der anderen Rheinseite. Es sind Neckigkeiten, die letzten Endes aber eher verbinden als trennen. Für einen glaubwürdigen Reisebuchautoren jedenfalls sind sie kein Hindernis, sondern eher von Vorteil, steckt in ihnen doch eine gehörige Portion Volkshumor, der Konturen klarer erkennen lässt und den Blick aufs Wesentliche schärft.

Dazu gehört, dass Wiesbaden auch heute deutlich preußischer und damit weniger rheinisch wirkt als meine Heimatstadt Mainz. Dafür aber hat Wiesbaden mehr Einwohner, mehr Kinos, eine eigene Seilbahn, ein schöneres Spielkasino, schönere Schwimmbäder, einen schöneren Bahnhof, ein schöneres Theater und, und, und ...

Der Autor

Günter Schenk ist Journalist und Autor. Für den Reise Know-How Verlag hat er schon geschrieben, als Storytelling noch wie ein Fremdwort klang. Internationale Metropolen wie Rotterdam, Brüssel, Liverpool, Antwerpen oder Metz hat er porträtiert, aber auch manche deutsche Stadt wie Heidelberg, Koblenz, Karlsruhe oder seine Heimatstadt Mainz unter die touristische Lupe genommen. Am Herzen liegt ihm, dass seine Leser von ihren Reisen mehr mitnehmen als nur ein paar Glücksgefühle, dass sie mit Hilfe dieses Buches ein bisschen tiefer eintauchen können in die Welt ihrer Gastgeber und im Idealfall den Menschen dort ein Stück näher kommen. So wird das Reiseerlebnis zu einer nachhaltigen Lebenserfahrung!

081wb Abb.: gs

Wiesbaden auf einen Blick
0
1000 m
© Reise Know-How 2022
Wiesbadens Norden S. 45
Russisch-Orthodoxe Kirche 20
18 Nerobergbahn
Altstadt S. 16
Kurviertel S. 32
9
11
12
1
15
1 Schlossplatz mit Marktbrunnen
9 Kaiser-Friedrich-Therme
11 Kurhaus mit Spielbank
12 Hessisches Staatstheater
15 Wilhelmstraße
Museum Wiesbaden 21
Wiesbadens Süden und Westen S. 52
29 Biebricher Schloss
38 Mainz

Cleveres Nummernsystem

Die Sehenswürdigkeiten sind im Text und im Kartenmaterial mit derselben **magentafarbenen ovalen Nummer** ❶ markiert. Alle anderen Lokalitäten wie Geschäfte, Restaurants usw. tragen ein **Symbol und eine fortlaufende rote Nummer** (**1**). Die Liste aller Orte und die Zeichenerklärung befinden sich im Anhang.

Der Schmetterling …

… zeigt an, wo man Angebote im Bereich des nachhaltigen Tourismus findet.

Bewertung der Sehenswürdigkeiten

★★★ nicht verpassen
★★ besonders sehenswert
★ wichtig für speziell interessierte Besucher

Planquadrat im Kartenmaterial

[A1] Orte ohne diese Angabe liegen außerhalb unserer Karten. Ihre Lage kann aber wie die aller Ortsmarken mithilfe der begleitenden Web-App angezeigt werden (s. Anhang).

Vorwahlen
- **Wiesbaden:** 0611
- **Deutschland:** 0049
- **Österreich:** 0043
- **Schweiz:** 0041

Updates zum Buch
www.reise-know-how.de/citytrip/wiesbaden22

NICHT VERPASSEN!

5 Marktkirche [E3]
Klassik, Neogotik und Neoromanik vereint Wiesbadens höchstes Gebäude. Das evangelische Gotteshaus verfügt über eine der größten Orgeln Hessens, die so manches Konzert bereichert (s. S. 24).

9 Kaiser-Friedrich-Therme [D2]
Baden wie zu Kaisers Zeiten: Die Thermenanlage in der Altstadt ist ein Paradies für Warmwasserfreunde und Saunagänger – ein Wohlfühlort in Jugendstilkulisse (s. S. 28).

11 Kurhaus mit Spielbank [F2]
Bis weit nach Mitternacht lockt das Kasino im Kurhaus täglich Gäste an. Freitag und Samstag bietet es Schnupperkurse für alle, die die Regeln der Spiele kennenlernen wollen (s. S. 32).

15 Wilhelmstraße [E3]
Wiesbadens Prachtboulevard punktet mit stattlichen Palästen, schicken Villen und demnächst mit einem neuen modernen Kunstmuseum, dem Museum Reinhard Ernst. Dazu kommen edle Boutiquen, Cafés und ein Park (s. S. 42).

18 Nerobergbahn [dh]
Die mehr als hundertjährige wassergetriebene Standseilbahn ist ein technisches Kulturdenkmal und eines der Wahrzeichen der Stadt. Und umweltfreundlich ist sie obendrein (s. S. 46).

20 Russisch-Orthodoxe Kirche [dg]
Ihre goldenen Kuppeln sind nicht zu übersehen. Wiesbadens kostbar ausgestattetes Gotteshaus auf dem Neroberg ist genau betrachtet eine der schönsten Grabkapellen Europas, errichtet zu Ehren einer im Kindbett verstorbenen russischen Großfürstin (s. S. 49).

29 Biebricher Schloss [dk]
Die barocke Residenz der ehemaligen Fürsten und späteren Herzöge von Nassau samt ihrem großen Park befindet sich direkt am Rhein. Der Schlosspark lädt zum Bummeln und Flanieren ein (s. S. 64)

WIESBADEN ENTDECKEN

060wb Abb.: gs

Willkommen in Wiesbaden

Wiesbaden ist noch immer geprägt vom Historismus. Große Teile der Stadt wurden in neoromanischem, neogotischem oder neobarockem Stil gebaut, später auch im Jugendstil. Hunderte von Häusern und Villen aus dieser Ära stehen noch heute in Wiesbaden, das im Zweiten Weltkrieg weniger zerstört wurde als vergleichbare Städte. Die Stadt glänzt nicht mit weltberühmten Attraktionen wie das benachbarte Mainz mit seinem über tausendjährigen Dom, dafür mit diesen wilhelminischen Bauten und stattlichen Bürgerhäusern, die bis heute den Stolz der Stadt verkörpern, die einmal „Welt-Cur-Stadt" war, Jungbrunnen der High Society, die hier gern Urlaub machte.

Mit bald 300.000 Einwohnern ist Wiesbaden eine Großstadt und trotzdem leicht zu „erobern", denn das **Stadtzentrum** ist **überschaubar**. Da die meisten Sehenswürdigkeiten dicht beieinander liegen und der Rest mit öffentlichen Verkehrsmitteln leicht zu erreichen ist, braucht man für die Visite in Hessens Hauptstadt kein Auto. Wer das abendliche Flair der Altstadt oder die vielen Kulturangebote in der City genießen will, sollte am besten in der Innenstadt übernachten.

Kurhaus 11 und **Spielbank** 11 sind die Aushängeschilder der Stadt, die **heißen Quellen** und **eindrucksvollen Bäder** sind Alleinstellungsmerkmale gegenüber vergleichbaren Großstädten. Mit dem **Staatstheater** 12 hat Wiesbaden einen Musentempel von internationalem Rang. Kultur am Abend offerieren auch zahlreiche **Kleinkunstbühnen** und **Filmtheater**, die Cineasten immer neue Überraschungen bieten.

Wiesbadens Schauseiten am Rhein, vom **Biebricher Schloss** 29 bis zum **Schiersteiner Hafen** 30, liefern ebenso wie der **Neroberg** 19 immer wieder dekorative Kulissen für Fotografen und Filmemacher. So ist es nicht zuletzt ein Serien-Oberstaatsanwalt, der heute zu Wiesbadens Image beiträgt: Im ZDF ermittelt die Figur Bernd Reuther, verkörpert von Rainer Hunold, im kriminellen Milieu der hessischen Landeshauptstadt und ihrer Umgebung. Dabei rücken Wiesbadens Schönheiten wie seine pittoreske Altstadt ebenso ins Bild wie Taunus-Szenerien und das Rheinufer.

Wer es ruhig mag, ist im **Kurviertel** (s. S. 32) bestens aufgehoben. Wer das multikulturelle Wiesbaden liebt, sollte sich das **Westend** 27 näher ansehen, wo der Sedanplatz der neue In-Treff ist. Fast überall trifft man sowohl auf Zeitzeugen der Vergangenheit als auch auf Projekte, die Wiesbadens Zukunft sichern sollen, wie das neue **RheinMain CongressCenter** 22, ein Veranstaltungszentrum für bis zu 12.500 Besucher, ausgestattet mit modernster Technik.

Wer das eher **dörfliche Wiesbaden** sucht, sollte **Frauenstein** 32 oder **Sonnenberg** 37 besuchen, Gemeinden mit jahrhundertealter Geschichte und selbstbewussten Bürgern. Ihr eigenes Flair haben auch **Mainz-Kastel** 31 und **Kostheim**, Vororte an Rhein und Main. Flößer, Fischer

[<] Vorseite: Grünanlagen grenzen an das RheinMain CongressCenter 22

[>] Fußgängerzone inmitten der Altstadt: die Grabenstraße [D2]

007wb Abb.: gs

und Schiffer haben sie geprägt, ehe sie – vor allem wegen ihrer Lage am Fluss – auch immer mehr Industrie anlockten. **Fasanerie** 35 und **Jagdschloss Platte** 36 sind Zeitzeugen des einstigen höfischen Lebens vor den Toren Wiesbadens und beliebte Ausflugsziele.

Wiesbaden ist immer einen Besuch wert, zu jeder Jahreszeit und an jedem Tag. Besonderes Flair aber verbreitet die Stadt während ihrer großen Feste: der **Rheingauer Weinwoche** (s. S. 101) im Sommer und dem weihnachtlichen **Sternschnuppenmarkt** (s. S. 102), der jedes Jahr viele Tausend Besucher lockt. Und auch die **Mai-Festspiele** genießen internationales Renommee. Langeweile kommt so kaum auf – und wenn: Mit **Mainz** 38 liegt die nächste sehenswerte Stadt in Stadtbusnähe.

Wiesbaden an einem Tag

Eigentlich hat die Stadt mehr verdient als einen Tagesbesuch. Ihre wahre Schönheit entdeckt man nämlich erst richtig, wenn man sich etwas länger auf sie einlässt. Aber auch Kurzbesucher kommen auf ihre Kosten, weil fast alle wichtigen Sehenswürdigkeiten dicht genug beieinander liegen, um sie an einem Tag zu erkunden.

Zu den Höhepunkten eines Besuchs gehören neben einem Gang durch die **Altstadt** (s. S. 16) und einem Abstecher ins **Kurviertel** (s. S. 32) mit seinem sehenswerten **Kurhaus** 11 auch ein Bummel über die **Wilhelmstraße** 15 und – bei gutem Wetter – ein Besuch auf Wiesbadens Hausberg, dem **Neroberg** 19. Mit der **Russisch-Orthodoxen Kirche** 20 und der **Nerobergbahn** 18 finden sich dort gleich zwei der wichtigsten Sehenswürdigkeiten.

Außer bei öffentlichen Führungen sind das **Stadtschloss** 4 und das **Biebricher Schloss** 29 für Besucher meist nicht zugänglich, in vielen Fällen bleibt nur der Blick von außen.

Ein Auge sollte jeder Stadtbummler auch auf die **Heidenmauer** 8 und den **Kochbrunnen** 10 werfen und auch das **Museum Wiesbaden** 21 ist immer einen Stopp wert. Wer die Stadt gern auf einem **Rundgang** erkunden möchte, findet zudem auf Seite 13 einen Routenvorschlag.

Kurztrip nach Wiesbaden

1. Tag

Vormittags

Morgens lockt einer der **Wochenmärkte** (s. S. 98), z. B. mittwochs und samstags der Markt auf dem Dern'schen Gelände zu Füßen der Marktkirche 5. Hier lebt die Stadt und Lebensfreude mischt sich mit Geschäftssinn. Wer noch ein deftiges Frühstück braucht: Die **Curry Manufaktur** (s. S. 89) ist seit Jahren mit einem Imbisswagen auf dem Wochenmarkt vertreten. Fast immer

Das gibt es nur in Wiesbaden

- **Heirat in der Bergbahn:** Die Nerobergbahn 18 gehört zu den populärsten Sehenswürdigkeiten der Stadt. Zahllose Ausflügler bringt sie Jahr für Jahr auf den Wiesbadener Hausberg. Von Juni bis August kann man in der Bergbahn auch heiraten. Um den Brautpaaren den Bund fürs Leben zu ermöglichen, legt das Bähnchen auf halbem Weg nach oben sogar eine Pause ein (s. S. 47).
- **Statistisches Bundesamt:** Wer Deutschland und die Deutschen näher kennenlernen will, vertraut auf die Statistiken der Bundesbehörde. Seit dem Ende des Zweiten Weltkriegs sammelten und sammeln über 2000 Datenspezialisten in Wiesbaden Tag für Tag neue Zahlen, die Wirtschaft und Politik als Grundlage für ihre Arbeit dienen. Die Daten kann übrigens jeder kostenlos nutzen!
- **Wiesbadener Ananastörtchen:** Um die Kurgäste besonders verwöhnen zu können, ersann der Konditor Fritz Kunder anno 1903 das Wiesbadener Ananastörtchen. Hierbei handelt es sich um eine Komposition aus Marzipan, Schokolade, Mandeln, mit Nougat gefüllten Waffelböden und feinster Ananasfüllung. Die Konditorei gibt es noch heute – und natürlich auch die Ananastörtchen, ein beliebtes Mitbringsel nicht nur für Süßmäulchen (s. S. 97).
- **Fischzucht auf dem Supermarktdach:** Bis zu 20.000 Barsche züchtet ein Supermarktbetreiber im Wiesbadener Vorort Erbenheim jährlich auf dem riesigen Flachdach, dazu viele Hunderttausend Basilikumpflanzen. Dieses Pilotprojekt zum ganz modernen sogenannten Green Farming ist übrigens auch in architektonischer Hinsicht interessant (s. S. 73).

schenken zudem **regionale Winzer** Rheingauer Weine aus.

Gleich um die Ecke befindet sich Wiesbadens **Altstadt** (s. S. 16) mit ihren kleinen Boutiquen, Cafés und Kneipen in Wagemann-, Gold- und Grabenstraße. Ein Paradies für alle Citybummler! Lebhafter geht es in der Kirch- und der Langgasse zu, Wiesbadens **Einkaufsmeilen.** In der längsten Fußgängerzone der Stadt werden auch Schnäppchenjäger hin und wieder fündig. Schließlich hat man die Qual der Wahl, denn Traditionscafés wie das Maldaner (s. S. 101) buhlen mit Bistros und Pizzerien um die Mittagsgäste.

Nachmittags

An Samstagen bietet sich die Möglichkeit eines kostenlosen Rundgangs durch das **Stadtschloss** 4 und die Gelegenheit, den darin befindlichen **Hessischen Landtag** zu besichtigen. An anderen Wochentagen können in der Regel nur die Fassaden bestaunt werden. Danach geht es vorbei an **Heidenmauer** 8 und **Kaiser-Friedrich-Therme** 9 zum **Kochbrunnen** 10. Ein paar Schritte weiter beginnt die **Wilhelmstraße** 15, Wiesbadens Nobelmeile mit vielen eleganten Geschäften. Blickfang ist das **Kurhaus** 11 mit dem Bowling Green, dem großen Rasen samt Springbrunnen. Bei schönem Wetter sollte man auch dem dahinter liegenden **Kurpark** 13 einen Besuch abstatten. Wer Lust hat, kann seine Liebste(n) mit dem Boot über den großen Weiher rudern oder ein paar Runden mit dem Tretboot drehen.

Warum zum Sonnenuntergang nicht mal ans **Rheinufer?** Zum **Biebricher Schloss** 29 zum Beispiel, wo die Abendsonne die Gäste auf der Terrasse des Schloss-Restaurants beflügelt – oder in ein paar S-Bahn-Minuten nach **Mainz-Kastel** 31, wo ein kleiner Strand mit Liegestühlen Mittelmeer-Feeling versprüht. Spielt der Wettergott mit, kann der Abend hier schon sehr spät werden ...

008wb Abb.: gs

Das Dern'sche Gelände 6 *ist ein beliebter Treffpunkt*

Abends

Gut essen, Kultur oder große Sause – für jeden ist etwas dabei. Wer Lust hat, zieht durch die **Altstadtkneipen.** Gute gehobene Küche pflegt das Restaurant **Chefstable by Martino Kitchen** (s. S. 28), das mit ständig wechselnden frischen Gerichten aufwartet. Frankreich schmeckt man im Restaurant **Chez Mamie** (s. S. 88) und stilvoll speist man im Sommer vor der Kurhaus-Kulisse in Benner's Bistronomie (s. S. 89), das im rückseitigen Kurpark auch eine Lounge unterhält.

Freunde der Oper und des Schauspiels finden im **Staatstheater** 12 mit seinen Bühnen Abwechslung. **Partygänger** kommen vor allem an Wochenenden auf ihre Kosten. Plätze zum Chillen oder Abtanzen gibt es genug!

KURZ&KNAPP

Originalton

„Wiesbaden liegt in einem Tal, das vorwärts nach Süden von Hügeln, nordwärts aber von Bergen begrenzt wird; besteigt man die letzteren, so hat man eine unendliche und höchst schöne Aussicht".

Johann Wolfgang von Goethe, 1814

2. Tag

Vormittags

Schon gefrühstückt? Falls nicht, lässt sich das im Café Maldaner (s. S. 101) in Altwiener Kulisse oder auf der Außenterrasse in der Fußgängerzone zelebrieren. Bei gutem Wetter geht es über Taunusstraße und Nerotal 17 anschließend zur **Nerobergbahn** 18, die seit über 100 Jahren mit Wasserkraft betrieben wird. Sie bringt den Besucher in wenigen Minuten auf den **Neroberg** 19, Wiesbadens Hausberg. Von oben genießt man den einmaligen Blick auf die Stadt. Ein Muss ist außerdem die Stippvisite in der **Russisch-Orthodoxen Kirche** 20, einem der Wahrzeichen von Wiesbaden. Bei schlechtem Wetter heißt es: Ab ins **Museum Wiesbaden** 21! Moderne und alte Kunst findet sich hier neben einmaligen naturkundlichen Sammlungen. Sonntägliche Alternative wäre ein Abstecher auf die andere Rheinseite, von wo aus der **„ZDF-Fernsehgarten"** (ZDF Mainz 39) live gesendet wird. Mit dem Auto ist das ein Katzensprung, allerdings sollte man sich vorher Eintrittskarten besorgen.

Die Nerobergbahn 18 fährt auf Wiesbadens Hausberg

066wb Abb.: gs

Nachmittags

Wer Lust hat, sich zu bewegen, findet z. B. in Wiesbadens **Wäldern** das ganze Jahr über Wandermöglichkeiten. Stadtbusse bringen einen schnell auf die umliegenden Höhen, von wo bequeme Wege wieder nach unten führen. Natürlich kann man das auch umgekehrt machen! Das **Opelbad** (s. S. 49) gehört zu den schönsten deutschen Freibädern und ist an Sonnentagen der richtige Platz, um den Tag zu genießen. Alternative ist ein **Thermenbesuch** – ganz klassisch in der Kaiser-Friedrich-Therme 9 oder im Thermalbad Aukammtal (s. S. 114) mit seinem großen Innen- und Außenschwimmbecken. Am schönsten ist es aber, sich noch einmal **durch die Stadt treiben** zu lassen. „Carpe diem" („Genieße den Tag"), das haben schon die Römer in Wiesbaden vorgelebt. Und wer will, träumt in einem der Cafés und Bistros von den Zeiten, als der Kaiser in der einstigen Kurstadt für Glanz und Gloria sorgte.

Abends

Ende gut, alles gut! Nach einem **Altstadtbummel** klingt die Visite in Hessens Hauptstadt gemütlich aus – bei einem Cocktail, einem Glas Rheingauer Wein oder wonach es sonst gelüstet.

Stadtspaziergang

> **Routenverlauf im Stadtplan**
> Der hier beschriebene Spaziergang ist mit einer farbigen Linie im Stadtplan eingezeichnet.

Der beste Ausgangspunkt für einen Stadtbummel ist das **Dern'sche Gelände** 6 mit der Marktkirche 5. Dort findet sich nicht nur ein großes, unterirdisches Parkhaus, sondern auch eine Busstation. Besonders lebhaft geht es hier mittwochs und samstags zu, wenn der Wochenmarkt mit seinen Buden und Ständen lockt. Rund zehn Kilometer führt unser Bummel durch die Stadt, wobei die **Nerobergbahn** 18 von Frühjahr bis Herbst einem den Anstieg auf den **Neroberg** 19 abnimmt. Wer will, kann die Strecke auch immer wieder abkürzen.

Unübersehbar ist die evangelische **Marktkirche** das höchste Gebäude der Stadt. Vor ihrer Front steht der „Schweiger" (siehe Exkurs S. 25), ein Denkmal für Wilhelm von Oranien. Der benachbarte **Schlossplatz** 1 bietet gleich mehrere Sehenswürdigkeiten: das **Neue Rathaus** 3 aus den 1880er-Jahren und das **Alte Rathaus** 2 aus dem frühen 17. Jahrhundert schräg gegenüber. Es ist das älteste Gebäude Wiesbadens und dient heute als Standesamt. Das **Stadtschloss** 4 auf der anderen Seite, Mitte des 19. Jahrhunderts als Palais für Herzog Wilhelm von Nassau erbaut, ist inzwischen Sitz des Hessischen Landtags. Zwischen Schloss und Rathaus fällt der **Marktbrunnen** von 1753 ins Auge.

Die geschäftige **Marktstraße** mit ihren Geschäften und Gastronomiebetrieben führt weiter in die Stadt. Rechts zweigt bald eine der typischsten Alt-Wiesbadener Gassen ab: die **Grabenstraße** mit kleinen Läden und Boutiquen sowie dem **Bäckerbrunnen** – einem von wenigen, noch heute öffentlich zugänglichen Brunnen, die Wiesbadens Aufstieg zur Kurstadt beförderten. Durch die von Restaurants gesäumte Goldgasse erreicht man die **Langgasse**, eine belebte Fußgängerzone. Hinter Hausnummer 38–40 verbirgt sich die gründlich renovierte **Kaiser-Friedrich-Therme** 9, eine Badelandschaft wie aus dem Bilderbuch. 1913 hatte das Bad erstmals seine Pforten geöffnet und das heiße Wasser aus dem Untergrund genutzt. Ein paar Schritte weiter, nach dem Überqueren der Oberen Webergasse und vorbei am Hotel Schwarzer Bock, lockt ein weiterer Zeuge Wiesbadener Badekultur, der **Kochbrunnen** 10. Vom historischen Kurzentrum sind nur noch ein Teil der Wandelhalle und der Pavillon, in dem man das Wasser probieren kann, er-

061wb Abb.: gs

⌃ *Wiesbadens autofreie Altstadtgassen sind einen Bummel wert*

halten. Gesäumt wird der Platz vom Sitz des Hessischen Ministerpräsidenten, der Staatskanzlei und einem der ältesten deutschen Hotels, dem **Radisson Blu Schwarzer Bock** (s. S. 127), das noch heute Badekuren anbietet (s. S. 31).

Den weiten Platz vor dem Kochbrunnen säumt die **Taunusstraße** [D/E1], einer der Wiesbadener Prachtboulevards. Sie führt ins **Nerotal** mit seinen sehenswerten Villen und Grünanlagen. Wer möchte, kann hier noch einen lohnenden **Abstecher** „bergauf“ machen, denn am Ende des großen Parks im Nerotal, der viele Gelegenheiten zum Innehalten bietet, befindet sich die Talstation der **Nerobergbahn** (18). Sie führt auf den **Neroberg** (19). Bei gutem Wetter ist der Besuch des Wiesbadener Hausbergs natürlich Pflicht! Die Sicht auf die Stadt von oben ist einmalig und von der Bergstation sind es – vorbei am Opelbad (s. S. 49), einem der schönst gelegenen deutschen Freibäder – nur ein paar Fußminuten zur **Russisch-Orthodoxen Kirche** (20), einem der Wahrzeichen Wiesbadens. Zu Füßen der Kirche führen Christian-Spielmann-Weg, Nerobergstraße und Weinbergstraße an schönen Villen entlang zurück zur Talstation.

Wer den Abstecher auf den Wiesbadener Hausberg nicht machen möchte, spaziert vom Park, vorbei an Gründerzeit- und Jugendstilarchitektur, wieder zurück Richtung Stadt. Kurz vor Ende des Parks zweigt auf der westlichen Parkseite halbrechts die wenig später in die Stiftstraße übergehende Franz-Abt-Straße ab. Nach Überqueren der Röderstraße folgt man halblinks der **Nerostraße** mit ihren kleinen Läden, Lofts und Restaurants bis zur am Ende rechts abzweigenden **Saalgasse.** Rechts der Nerostraße liegt das sogenannte **Bergkirchenviertel,** dem noch vor einigen Jahrzehnten der Abriss drohte. Inzwischen ist es aber vorbildlich restauriert.

Ein kleiner Schlenker durch die Obere Webergasse und die Büdingenstraße tangiert das Bergkirchenviertel und führt schließlich zum **Römertor** (8), wo man auf die Reste der alten **Heidenmauer** trifft, einem der ältesten Gemäuer Wiesbadens. Wer will, kann Richtung Westen weiter ins quirlige **Westend** (27) eintauchen, das sich zum Beispiel in der Wellritzstraße ganz multikulturell gibt. Dort ist das Reich der Döner und Fladenbrote, der Bistros und Cafés. Ansonsten geht es jetzt ein paar Schritte die Coulinstraße weiter und dort, wo einst die Synagoge stand, links die Fußgängerzone **Michelsberg** [C/D3] leicht bergab in die längste Shoppingzone der Stadt: In der **Kirchgasse** [C3–4] heißt das Motto „Genießen – Erleben – Flanieren". Kurz vor ihrem Ende biegt man nach links zum **Luisenplatz** 25 mit der **Bonifatiuskirche** ab, einem alten katholischen Gotteshaus. Wer jetzt noch Zeit und Lust hat, kann die Rheinstraße überqueren und über die Adolfstraße und die schattige und breite Adolfsallee [D5–6] zum **Hauptbahnhof** 23 und dann durch die Reisinger- und Herbert-Anlage (s. S. 57) zurück zum sehenswerten **Museum Wiesbaden** 21 laufen. Schneller kommt man zum Musentempel, wenn man die Rheinstraße vom Luisenplatz nach links bis zur Kreuzung mit der **Wilhelmstraße** 15 geht, der „Rue", wie sie die Einheimischen nennen.

Richtung Norden taucht der Stadtbummler jetzt langsam in Wiesbadens **Kurviertel** (s. S. 32) ein. Auf der linken Straßenseite befinden sich vornehme Geschäfte, auf der rechten Prachtbauten wie die **Villa Clementine** 16 und die **Parkanlage „Warmer Damm"** 14, durch die ein Weg schließlich zum **Kurhaus** 11 führt. Einen Blick sollte man dort auf alle Fälle hineinwerfen! Im **Kurpark** 13 mit seinem Weiher ist Platz zum Luftholen – dort soll übrigens angeblich schon Elvis Presley seiner Priscilla den Hof gemacht haben.

Dann aber geht es durch die Theaterkolonnaden am **Staatstheater** 12 entlang zurück zum Start. Schön ist der Blick auf das **Bowling Green**, eine große Rasenfläche mit Springbrunnen. Hier zeigt sich Wiesbaden von seiner Schokoladenseite! Die Wilhelmstraße querend führt eine Fußgängerzone vorbei am Kaiser-Friedrich-Denkmal und dem Nobelhotel **Nassauer Hof** (s. S. 127) zur Straße An den Quellen [E2], die einen vorbei an der berühmten Kuckucksuhr (s. S. 27) nach links zum Schlossplatz bringt. Jetzt hat man die Marktkirche, und damit den Ausgangspunkt des Rundgangs, wieder direkt vor Augen.

069wb Abb.: gs

Alte Prachtbauten säumen die Taunusstraße, eine der Nobelmeilen Wiesbadens

Altstadt

Wiesbadens Altstadt erobert man am **besten zu Fuß,** liegen doch die schönsten Stellen der Stadt und ihre wichtigsten Sehenswürdigkeiten eng beisammen. **Richtungsanker** ist die **Marktkirche** 5, das höchste Gebäude der Stadt. Im Westen bilden die Schwalbacher Straße [C1–4], im Osten Wilhelm- und Taunusstraße [D1–E4] den Rand des alten Stadtkerns. Einige der ältesten Bauten der Stadt finden sich rund um den **Marktbrunnen** 1, der zwischen **Rathaus** 2 und **Stadtschloss** 4 steht. Nur ein paar Schritte sind es von hier ins Einkaufsviertel, deren zentrale Achse die Kirchgasse [C4–D3] ist. In der Altstadt finden sich auch die **Kaiser-Friedrich-Therme** 9, die noch zu Römerzeiten erbaute **Heidenmauer** 8 – Wiesbadens ältestes Bauwerk – und der **Kochbrunnen** 10.

1 Schlossplatz mit Marktbrunnen ★★★ [D3]

Herz der Altstadt ist der Schlossplatz. Ältere Wiesbadener nennen ihn noch heute gern Marktplatz – so wie er früher einmal hieß. Um ihn herum sind eine Reihe bedeutender Bauten gruppiert. Dazu gehören das Alte Rathaus 2, das älteste Gebäude der Stadt, und das Neue Rathaus 3, der Amtssitz des Oberbürgermeisters. Gegenüber liegt das Stadtschloss 4, heute Sitz des Hessischen Landtags. Schmuckstück des Platzes ist der Marktbrunnen.

Der heutige Schlossplatz markierte schon im Mittelalter das **Zentrum Wiesbadens.** Damals wie heute schlägt hier der Puls der Stadt und bei fast allen großen Festen – von der Weinwoche bis zum Sternschnuppenmarkt – ist er noch immer die Bühne für Musiker und Märchenerzähler, Zauberer und Gaukler. Heute kreuzen sich am Schlossplatz mehrere **Fußgängerzonen,** die von Ost nach West und von Nord nach Süd führen.

Im Lauf der Zeit wurde der Schlossplatz immer wieder umgestaltet. Bei seiner letzten Sanierung wurde ein altes **Bodenmosaik** wieder hergestellt. Es zeigt den Adler der Deutschen Kaiser in der Mitte und das nassauische Wappen sowie das Wiesbadener Stadtwappen an den Seiten.

Blickfang des Platzes und viel fotografierte Sehenswürdigkeit ist der **Marktbrunnen.** Er wurde Mitte des 16. Jahrhunderts aufgestellt und war lange Zeit die wichtigste Trinkwasserquelle der Stadt. Zu seiner heutigen Form fand er 1753. Den Wasserspender krönt ein nassauischer Löwe mit einem ovalen Schild in den Pranken. Er zeigt das Wappen von Wiesbaden: drei goldene Lilien auf blauem Grund (s. S. 107).

› Haltestelle: Dern'sches Gelände

Stadtbusse

Alle wichtigen Sehenswürdigkeiten sind mit Stadtbussen zu erreichen. Die meisten verkehren über die Knotenpunkte Hauptbahnhof 23, Dern'sches Gelände 6, Luisenplatz 25 oder Platz der Deutschen Einheit [C3–4]. Die passenden Ausstiegshaltestellen sind bei jeder Sehenswürdigkeit angegeben.

Rund um Marktkirche 5 und Marktsäule 6 schlägt das Herz der Stadt

027wb Abb.: gs

2 Altes Rathaus ★ [D3]

Fast unscheinbar präsentiert sich das älteste Gebäude Wiesbadens mit seiner großen Freitreppe an der Westseite des Schlossplatzes 1. Es ist das Alte Rathaus der Stadt, das heute als Standesamt dient. Anno 1610 war sein Bau im damals modischen Renaissance-Stil abgeschlossen. Gut zweihundert Jahre später wurde das einstige Fachwerk-Obergeschoss gotisch umgestaltet und die fünf Holzreliefs unter den fünf großen Fenstern durch steinerne Kopien ersetzt. Die Reliefs zeigen die **fünf Tugenden:** Stärke, Gerechtigkeit, Nächstenliebe, Klugheit und Mäßigung. Neben der Eingangstür ist das **Wappen von Wiesbaden** mit den drei Lilien in die Wand gemeißelt.

Zu Anfang des Jahrtausends wurde das Alte Rathaus umfassend saniert und modernisiert. So baute man auf seiner Rückseite einen gläsernen Aufzug an das Gebäude. Heute ist es **Sitz des Standesamtes** und wichtigster Trausaal der Stadt. Blickfang ist die von einem Wiesbadener Künstler eigens für den Trausaal geschaffene Collage „Gestern und Morgen". Sie zeigt Heiratsurkunden prominenter Wiesbadener. Als stimmungsvolle Kulisse für einen kleinen Umtrunk nach oder auch vor der Eheschließung dient der vor dem Haus stehende Marktbrunnen.

› **Altes Rathaus,** Marktstraße 16, Haltestelle: Dern'sches Gelände

3 Neues Rathaus ★ [D3]

Offizieller **Sitz der Stadtverwaltung** und **Residenz des Oberbürgermeisters** ist das Neue Rathaus an der Südostseite des Schlossplatzes 1. Außerdem bietet es Raum für Ausstellungen – und im Keller hat das Lokal Der Andechser Platz für Freunde bayrischer Klosterbiere. Beheizt wird das Neue Rathaus übrigens mit Wiesbadener Thermalwasser.

Nach der rasanten Entwicklung der Einwohnerzahl in der zweiten Hälfte des 19. Jahrhunderts war das Alte Rathaus 2 zu klein geworden, sodass man schräg gegenüber einen **Neubau mit prächtiger Renaissance-Fassade** errichtete. Mit dem anno 1887 fertiggestellten Bau, heißt es in Wiesbaden, wollten die Stadtväter das gegenüberliegende Stadtschloss der nassauischen Herzöge an Prunk übertreffen.

Als Baumeister verpflichteten sie den deutsch-österreichischen Architekten Georg von Hauberisser, der zuvor in München das Neue Rathaus am Marienplatz entworfen hatte, ein Bilderbuch-Palast im neugotischen Stil. Auch die Fassade des Wiesbadener Rathauses war einst viel prunk- und glanzvoller als heute. Nach ihrer **Zerstörung im Zweiten Weltkrieg** wurde sie einfacher und ohne den einstigen Giebel wieder aufgebaut.

› **Neues Rathaus**, Schlossplatz 6, Tel. 0611 313304, Mo.–Fr. 7–18.30, Sa. 9–15 Uhr, Haltestelle: Dern'sches Gelände

› Hessens Landtag residiert im ehemaligen Stadtschloss

4 Stadtschloss und Hessischer Landtag ★★★ [D3]

Von außen zeigt sich das Stadtschloss recht schlicht, drinnen aber dominiert herrschaftlicher Glanz. Früher regierten hier die Herzöge von Nassau, seit 1946 ist der Hessische Landtag am Schlossplatz zu Hause, der auch benachbarte Gebäude für die Arbeit seiner Abgeordneten nutzt. Rund 50.000 Besucher zählt der Landtag jährlich. Für allgemeine Besichtigungen allerdings öffnet er gewöhnlich nur samstagmittags seine Pforten.

Die Schokoladenseite des Stadtschlosses ist der runde **Eingangspavillon mit Säulenportikus und Balkon.** Von dort oben nahm nicht nur Kaiser Wilhelm II. die Paraden seiner Truppen ab, sondern auch englische und französische Generäle während der Besatzungszeiten. **„Hessischer Landtag"** steht in Großbuchstaben über dem Treppenaufgang, der nach oben schmaler wird. Statt eines Mittelfensters ziert das zweite Obergeschoss das Wappen des Hauses Nassau. Rechts und links des Eingangs zweigen dreistöckige Gebäude ab, deren Enden ein mit Deckengemälden verzierter **Wintergarten** verbindet. Darin züchtete der Herzog einst exotische Pflanzen. Bei der Übernahme des Schlosses durch die Preußen wurden sie allerdings nach Frankfurt verkauft, wo sie zusammen mit Gewächshaus-Pflanzen aus dem Biebricher Schloss 29 schließlich den Grundstock für den Frankfurter Palmengarten bildeten.

Die Geschichte des Stadtschlosses ist wechselvoll. Es wurde an der Stelle einer fränkischen Turmburg errichtet, die einst im Zentrum der frühmittelalterlichen Stadt stand.

028wb Abb.: gs

Schloss-Baumeister war **Georg Moller** (1784–1852), damals einer der wichtigsten Architekten im deutschen Südwesten. Mainz bescherte er ein neues Stadttheater und eine neue Domkuppel, Darmstadt das Mausoleum auf der Rosenhöhe und auch die Neugestaltung des Rheingau-Schlosses Johannisberg war sein Werk.

Herzog Wilhelm von Nassau hatte Moller Mitte der 1830er-Jahre mit der Gestaltung des **„Herzoglichen Hauses am Markt"**, wie das Schloss anfangs genannt wurde, beauftragt. Ende des Jahrzehnts war es weitgehend fertig. Erster Nutzer des neuen Regierungssitzes aber war nicht Herzog Wilhelm, sondern sein 22-jähriger Sohn **Adolf I.**, der nach dem plötzlichen Tod seines Vaters Regierungschef wurde. Allerdings nutzte er das Stadtschloss nur im Winter, im Sommer residierte er im Biebricher Schloss am Rhein.

Von 1866 an, nach der Annektierung Nassaus durch die Preußen und der Absetzung Herzog Adolfs, diente das Gebäudeensemble bis 1918 als **königlich-preußischer Wohnsitz.** Wilhelm I., ab 1871 deutscher Kaiser, nutzte das Schloss mit seinem großen Hofstaat immer wieder. Noch häufiger war sein Enkel, **Kaiser Wilhelm II.**, in Wiesbaden zu Gast. Mit Beginn des Ersten Weltkriegs hatte das Schloss aber als kaiserliche Residenz ausgedient.

Dafür kamen neue Nutzer: 1918 der örtliche Arbeiter- und Soldatenrat, später Franzosen und Briten. Nach ihrem Abzug übernahm die **Preußische Schlösserverwaltung** 1930 den Bau, der jetzt Museum wurde. Im Zweiten Weltkrieg nistete sich die **Wehrmacht** im Schloss ein, weshalb es die Alliierten im Februar 1945 bei einem Luftangriff heftig attackierten. Nach dem Kriegsende bezog das **Alliierte Oberkommando** das teilweise zerstörte Schloss, ehe es schließlich Sitz des Parlaments im neu gegründeten Bundesland Hessen wurde.

Als die Abgeordneten 1946 in den neuen Landtag einzogen, nutzten sie zunächst den Konzertsaal des Herzogs für die Plenardebatten. Allerdings reichte der Platz damals nur für die Parlamentarier, die Regierungsvertreter und ein paar Reporter. Schnell war man sich deshalb einig, einen **neuen Plenarsaal** zu bauen. Ein weitgehend funktionales Haus, das 2004 allerdings abgerissen und durch einen architektonisch gelungenen Neubau mit kreisrunder Bestuhlung ersetzt wurde.

Glanz im Inneren

Höfischen Glanz entfaltet das alte Stadtschloss vor allem in seinem Inneren, das nur im Rahmen **geführter Touren** zu besichtigen ist. Vom Haupteingang gegenüber dem Marktbrunnen führt der Rundgang zunächst ins **Haupttreppenhaus** mit seiner gewölbten Decke. Hier zeigt sich das Stadtschloss ganz klassisch mit vergoldetem Treppengeländer und geschmückt mit dem Wappen der nassauischen Herzöge. In den Nischen beidseits der Treppe stehen sechs Statuen. Sie zeigen die Götter Artemis, Pan, Demeter, Dionysos, Aphrodite und Apollon und verweisen auf den Zeitgeist des frühen 19. Jahrhunderts. Den prägte bekanntlich die Wiederentdeckung der Antike, die Ausgrabungen von Troja oder Pompeji.

Besonders prunkvoll ausgestattet sind die Räume im ersten Obergeschoss der beiden Seitenflügel. Zum Teil waren es die Wohnräume des Herzogs. Beeindruckend ist die Deckenmalerei in der **Kleinen Rotunde**, ein Meisterwerk im sogenannten Trompe-l'oeil-Stil, der dreidimensionale Räumlichkeiten vortäuscht. Das Mosaikparkett besteht aus acht verschiedenen Holzarten von Ahorn bis Mahagoni. Der sich anschließende **„Rote Salon"** verdankt seinen Namen den roten Wandbespannungen. Die Möbel aus einer renommierten Mainzer Schreinerei sind aus amerikanischem Zitronenbaumholz gefertigt – so wie das zweisitzige Plauder-Sofa, bei dem sich die Gesprächspartner fast direkt gegenüber sitzen. Daneben liegt das ehemalige Frühstückszimmer des Herzogs, der **„Gelbe Salon"**. Hier sind die Wandbespan-

029wb Abb.: gs

Viele der Räume im Stadtschloss versprühen noch herzöglichen Glanz

nungen gelb und die Möbel zum Teil vergoldet.

Der sich anschließende **„Kleine Saal"**, ursprünglich als Tanzsaal geplant, wird heute gern für feierliche Empfänge des Landes Hessen genutzt. Auch hier fallen die Wand- und Deckenmalereien sofort ins Auge. Viele haben ihre Vorbilder in Wandmalereien der einst in Pompeji ausgegrabenen Villen. Der junge **Architekt Philipp Hoffmann** (siehe Exkurs S. 50) hatte sie in Italien nachgezeichnet und in Wiesbaden an die Wände bringen lassen. Darunter finden sich auch seltene Darstellungen weiblicher Zentauren (Kentauren), Mischwesen aus Pferd und Mensch. Spiegel an den Innenseiten der Fensterläden, die abends geschlossen wurden, erlaubten bei großen Diners und Bällen gezielte Lichteffekte im Kerzenschein.

Durch den **Wintergarten** betritt man den **Kuppelsaal.** Er wurde ursprünglich als Speisesaal errichtet. Sein Blickfang ist ein fast Tausend Kilo schwerer Kronleuchter, den man 1930 aus dem Biebricher Schloss holte. 2001 war er abgestürzt und Fachleute mussten die gut 24.000 Einzelteile mühsam wieder zusammensetzen. Vom Kuppelsaal führt der Weg in den neueren Teil des Gebäudes mit dem **Konzertsaal** im ersten Obergeschoss. Hier tagte bis zur Fertigstellung des ersten Plenarsaals 1962 der Landtag. Heute finden hier gelegentlich noch Musikveranstaltungen statt. Daneben befinden sich zwei Salons: das **Kabinettzimmer** mit englischen Möbeln aus dem Jahr 1840 und der **Präsidentensalon**, den ein großes Ölgemälde prägt. Es zeigt Herzog Adolph von Nassau, den ersten Schlossherrn, mit seinen Brüdern bei der Jagd.

030wb Abb.: gs

Weniger prunkvoll gibt sich der **rechte Schlossflügel.** An ihn schließen sich das **Kavaliershaus** und der **Wilhelmsbau** an. Auch sie werden heute vom Landtag genutzt, zum Großteil als Abgeordnetenbüros. Das 1826 erbaute Kavaliershaus war einst das Amt des Hofmarschalls. Der nach Kaiser Wilhelm benannte Wilhelmsbau war ursprünglich ein Militärhospital und wird heute unter anderem als Raum für Konferenzen und als Funk- und Fernsehstudio genutzt. Von der rückwärtigen Grabenstraße ist der neue Plenarsaal samt Besucherzentrum zugänglich.

› Schlossplatz 1, Haltestelle: Dern'sches Gelände, Besucherservice: Tel. 0611 350294, www.hessischer-landtag.de. Kostenlose Schloss- und Landtagsführungen (Dauer: 60–90 Minuten) finden gewöhnlich samstags statt. Treffpunkt ist die Pforte am Schlossplatz ❶. Plenarsitzungen können nach Voranmeldung besucht werden.

Vorbilder der Wandgemälde sind die Villen Pompejis, wo der Schlossarchitekt Vorlagen abgezeichnet hatte

Wiesbadens Blütezeit: das Wilhelminische Zeitalter

Wiesbadens Aufschwung ist eng mit den Kaisern Wilhelm I. und II. verbunden. Sie drückten der Stadt ihren Stempel auf und brachten Glanz und Gloria in das vorher nicht gerade von gesellschaftlichem Prunk verwöhnte Wiesbaden. Ihnen zu Ehren baute man die Wilhelmstraße zur „Via triumphalis" aus, schuf einen riesigen Bahnhof als Empfangshalle und ein Theater, in dem die Kaiser viel Zeit verbrachten.

Wilhelm I. kam im Sommer 1867 als König von Preußen erstmals nach Wiesbaden, als er der Stadt seinen Antrittsbesuch machte. Er war es, der dafür sorgte, dass die Kuranlagen samt aller Einrichtungen schließlich für wenig Geld in städtischen Besitz übergingen und den Aufstieg Wiesbadens zur „Welt-Cur-Stadt" beförderten. „Die wilhelminische Epoche entlud auf die Stadt ein Füllhorn von Glanz, Reichtum und Wohlleben", schrieb der Stadtchronist Alphons Paquet. „Es ist, als wäre sie jenem berlinischen Deutschland wie eine Geliebte gewesen, die man mit Schmuck überlädt."

Immer wieder kam Wilhelm I. zur Kur nach Wiesbaden – meist im April, wie ihm sein Leibarzt geraten hatte. Ende 1878 erholte er sich zu Füßen des Taunus von einem Attentat in Berlin, das er angeblich nur dank seiner Pickelhaube überlebt hatte. 1884 kam er letztmals nach Wiesbaden, als ein vom Leben gezeichneter Mann. Auch sein Sohn, Kaiser Friedrich III., weilte als Kronprinz mehrmals in Wiesbaden. Als Kaiser fehlte es ihm an Zeit, starb er doch nach nur 99 Regierungstagen an Kehlkopfkrebs. Vor dem Hotel „Nassauer Hof" erinnert ein Denkmal an ihn.

1888 trat der Enkel von Wilhelm I. ins Rampenlicht: Kaiser Wilhelm II. Auch er kannte Wiesbaden schon von verschiedenen Besuchen, ehe er 1890 erstmals als Kaiser in die Kurstadt kam, um die österreichische Kaiserin Sisi zu treffen. Anders als sein Großvater kam er nicht aus Gesundheitsgründen, sondern weil ihm das Leben im „Nizza des Nordens" Spaß machte. Als Theaterfreund engagierte er sich zudem für einen Theaterneubau. Außerdem ernannte er einen Jugendfreund zum Intendanten des neuen Theaters, der mit den Maifestspielen ein bis heute renommiertes Theaterformat schuf.

Auch Pferderennen wurden gern zum Wohl Ihrer Majestät organisiert, in deren Rahmen sich die damalige Spaßgesellschaft vergnügte. Ein modischer Haufen, beäugt von Klatschreportern. „Der enge, freie Rock ohne Unterrock, der die Körperformen bis fast zur Indiskretion durchblicken läßt", notierte ein Journalist 1914, „wechselt ab mit dem ebenso engen Staffelrock, der ungefähr das Gegenteil bedeutet. Überwürfe der verschiedensten gewagten und Hüte der unmöglichsten Art usw. gehören dazu. Unter den Gästen waren auch vier veritable Indianer mit Federkronen und Mokassins zu bemerken. Die Internationalität war also vollkommen (...)."

Prächtig geschmückt mit Wimpeln und Fahnen zeigte sich die Stadt fast immer, wenn der Kaiser in ihren Mau-

Im Park hinter dem Staatstheater ⓬ steht ein Denkmal Wilhelms I., das er selbst einweihte

ern weilte. Wenn er in der Stadt eintraf, hatten die Kinder schulfrei und die Wilhelmstraße wurde mit Girlanden, Ehrenbogen und Fahnen geschmückt. Seine Familie und er genossen die Sympathien vieler Bürger, die in ihm ihr Land verkörpert sahen: Preußen, das Wiesbaden den Wohlstand brachte. Besonders gern nahm der Kaiser das Bad in der Menge. Wenn immer er konnte, schüttelte er Hände oder winkte den Wartenden. Und bei seinen Streifzügen durchs Kurviertel griff er auch gern mal zum Dirigentenstab, wenn die Kurkapellen seine Komposition, den von nordischem Geist überfrachteten „Sang an Aegir" spielten.

In Wiesbaden konnte Wilhelm II. seinen Hang zur Selbstdarstellung ausleben, der wohl auch Ausdruck einer angeborenen Missbildung seines linken Armes war. Zwar hatten seine Eltern immer wieder versucht, sein Leiden mit allen Mitteln zu lindern, etwa indem sie seinen Arm in ein frisch geschlachtetes Kaninchen einnähten, doch medizinisch war allen Bemühungen kein Erfolg beschieden. So führte der Kaiser immer eine Gabel im Gepäck, die es ihm trotz seiner Behinderung erlaubte, einen Braten zu zerlegen.

Besonders wohl fühlte sich Wilhelm unter Uniformträgern, mit denen er auch in Wiesbaden gern Paraden abnahm. Ein anderer Freizeitspaß war die Reiterei, die ihn häufig schon vor dem Frühstück ins Nerotal oder Richtung Platte führte. Abends verfolgte er von seiner Hofloge im Theater aus die Vorstellungen, die meist nach seinem Geschmack waren. Besonders gern amüsierte er sich auch auf festlichen Bällen, wo er stets im Mittelpunkt stand. Wie kaum ein anderer vor ihm verstand es der letzte deutsche Kaiser nämlich, die Aufmerksamkeit der Medien auf sich zu ziehen. Dazu nutzte er auch Pressefotografen und die ersten Kameraleute, die seine öffentlichen Auftritte begleiteten.

031wb Abb.: gs

5 Marktkirche (Nassauer Landesdom) ★★★ [E3]

Die Marktkirche ist Wiesbadens höchstes Gebäude und eines der Wahrzeichen der Stadt. Klassik, Neogotik und Romantik verbinden sich in ihr zu einem Gesamtkunstwerk. Der im November 1862 eingeweihte „Nassauer Landesdom" ist das größte evangelische Gotteshaus der Stadt und damit weithin sichtbares Zeichen des mehrheitlich noch immer protestantischen Wiesbadens. Vor der Kirche steht der sogenannte „Schweiger": ein Denkmal Wilhelms von Oranien. Kaiser Wilhelm II. hatte es im Jahr 1908 den Bürgern Wiesbadens zum Geschenk gemacht.

Die Marktkirche war der erste reine **Backsteinbau** im Herzogtum Nassau, 60 Meter lang und fast 100 Meter hoch. Der Bau der Kirche war Mitte des 19. Jahrhunderts nötig geworden, nachdem die mittelalterliche Mauritiuskirche, damals Wiesbadens evangelische Hauptkirche, bei einem Brand zerstört worden war. Das passende Grundstück schenkte der Nassauer Herzog der Kirche, die den Architekten **Carl Boos** 1851 mit dem Neubau gegenüber dem Stadtschloss 4 beauftragte. Ein Jahr später legte er seine Pläne vor, die in Wiesbaden aber wenig Gefallen fanden. Zu hoch sei das Gotteshaus, zu gotisch, vor allem aber in der Ziegelbauweise untypisch für die Region. In der Tat hatte Boos seine Pläne an dem Bau der berühmten Friedrichswerderschen Kirche in Berlin orientiert, einem Meisterwerk des Baumeisters Karl Friedrich Schinkel.

Vom Protest der Bürger ließ sich der Architekt wenig beeindrucken. Im Gegenteil, nach knapp zehnjähriger Bauzeit zeigte sich der Nassauer Landesdom sogar noch höher als ursprünglich geplant. Mit seinen **fünf Türmen** wurde er zum mächtigen Glaubenszeugen und zur Heimat von Musikern wie dem **Komponisten Max Reger**, der während seines Aufenthalts in Wiesbaden Ende des 19. Jahrhunderts die mächtige Kirchenorgel spielte. Zu den bekanntesten Pfarrern der Marktkirche gehörte der Kommunalpolitiker **Willy Borngässer** (1905–1965), der wegen seiner politischen Überzeugung in der Nazizeit gleich zweimal verhaftet wurde und von 1943 bis 1945 im Zuchthaus saß. Auch der Widerstandskämpfer und Wiesbadener Ehrenbürger, der Theologe **Martin Niemöller** (1892–1984), hielt seine letzte große Predigt

062wb Abb.: gs

Beeindruckender Backsteinbau: die Marktkirche

Der „Schweiger": Wilhelm von Oranien

Unübersehbar thront hoch auf einem Sockel vor der mächtigen Marktkirche der Gründer der niederländischen Unabhängigkeit: Wilhelm I., Prinz von Oranien, Graf von Nassau (1533–1584). Meist wird er nur der „Schweiger" genannt. Das ist eine Anspielung auf seinen Charakter, empfanden ihn viele Zeitgenossen doch als einen eher stillen, besonnenen und gelassenen Mensch. An ihn erinnert noch heute die niederländische Nationalhymne, in deren erster Strophe es heißt: „Wilhelmus von Nassaue bin ich aus deutschem Blut". Wie die Inschrift auf dem Denkmalsockel verrät, starb er im Juli 1584 für seinen evangelischen Glauben, als er auf den Rathaustreppen zu Delft erschossen wurde.

Kaiser Wilhelm II. hatte den Wiesbadenern als Dank für den Bau des Kurhauses das Monument im Gedenken an seinen Namensvetter anno 1908 geschenkt. Es war die Kopie eines Denkmals vor dem Berliner Stadtschloss. Um den besten Standort dafür zu finden, zog eine städtische Kommission angeblich wochenlang mit einem Pappmodell durch die Stadt. Am Ende aber entschied der Kaiser, der jetzt von seinem sich gegenüber befindenden Stadtschloss aus, wann immer er wollte, auf den großen Oranier-Prinzen blicken konnte.

vor seiner Inhaftierung im Konzentrationslager in der Marktkirche.

Rund um den Chor stehen fünf große **Marmorfiguren** und lenken alle Blicke auf sich. Sie zeigen Christus und die vier Evangelisten. Zur Ausstattung der Kirche gehören außerdem **fünf große Bronzeglocken**, davon nur noch eine vom ursprünglichen Geläut. Die restlichen vier wurden 1962 gegossen. Auch die **Orgel** wurde mehrmals umgebaut und erweitert. So stammen nur noch 20 der heute 85 Register aus der Ursprungsorgel, dennoch lockt sie immer wieder Konzertbesucher. Die schönsten Orgelkonzerte, unter anderem mit Werken von Bach und Liszt, gibt es im Kirchenshop auf CD. Jeden Samstag um 11.30 Uhr erklingt die Orgel im Rahmen einer kleinen Andacht. Besonders stolz ist man in Wiesbaden auf das im Hauptturm untergebrachte **Glockenspiel**, das seit Mitte der 1980er-Jahre in rund 65 m Höhe erklingt. Das **Carillon** besteht aus 69 Bronzeglocken, von denen die größte 2,2 Tonnen, die kleinste 13 Kilogramm wiegt. Für das Glockenspiel wurde eigens ein Spieltisch in luftiger Höhe eingerichtet, der über 290 Treppenstufen zu erreichen ist. Knapp die Hälfte der Glocken ist mit einer automatischen Spieleinrichtung versehen, am liebsten aber spielt man noch immer live, von Ostern bis Weihnachten gewöhnlich samstags um 12.05 Uhr. Wer das Geläut sonst hören will: Täglich um 9, 12, 15, 17 und 19 Uhr gibt es ein wöchentlich wechselndes kleines Konzert.

› Schlossplatz 4, Haltestelle: Dern'sches Gelände, www.marktkirche-wiesbaden.de, Tel. 0611 9001613, März–Nov. Di.–Fr. 12–18, Sa. 12–17, So. 13–17 Uhr, Advent: tgl. 12–18.30 Uhr, Jan., Febr. Di.–Sa. 12–17, So. 13–17 Uhr. Gottesdienst: sonn- und feiertags 10 Uhr. Im Advent täglich Orgelmusik und Kurzandacht.

6 Dern'sches Gelände mit Marktsäule ★ [E3]

Zwischen Neuem Rathaus 3, Marktkirche 5 und Friedrichstraße dehnt sich das sogenannte Dern'sche Gelände aus. Begrenzt wird es im Osten von der De-Laspée-Straße, im Westen von der Marktstraße. Herz des Geländes, auf dem regelmäßig Märkte und Feste stattfinden, ist **Wiesbadens zentralste Tiefgarage.** Blickfang über der Erde ist die **alte Marktsäule mit dem Marktbrunnen.** Der Name des Geländes erinnert an den Oberforstrat Dr. Carl-Reinhard Dern (1783–1863). Er besaß hier einen Hof, den die Stadt einst als Verwaltungsgebäude nutzte.

Heute ist das Dern'sche Gelände ein viel frequentierter Platz mit großer **Bushaltestelle.** Außerdem ist auf dem Areal mittwochs und samstags der **Wochenmarkt** zu Hause, wo – wie es bei der Stadt heißt – „landwirtschaftliche Betriebe aus Wiesbaden und der Region bieten, was Bäume, Felder und Vieh hergeben: Gemüse und Früchte, frische Gewürze, Käse- und Brotspezialitäten sowie Fleisch und Blumen". Auch zahlreiche **Feste** – von der Rheingauer Weinwoche bis zum Sternschnuppenmarkt – locken die Massen auf das Dern'sche Gelände.

› Haltestelle: Dern'sches Gelände

KURZ & KNAPP

Historisches Fünfeck

Wiesbadens **Stadtkern** wird gern als „Historisches Fünfeck" bezeichnet. Im Süden bildet die Rheinstraße seine Grenze, im Westen die Schwalbacher Straße. Im Norden sind es Röder- und Taunusstraße, im Osten die Wilhelmstraße. Zusammen bilden alle diese Straßen ein Fünfeck. Außerhalb davon begann die Besiedlung meist erst im 19. Jahrhundert.

7 Schiffchen ★★ [D2]

Goldgasse, Grabenstraße und die parallel laufende Wagemannstraße bilden mit ein paar Seitenstraßen das Herz der Altstadt. „Schiffchen" nennen die Einheimischen das Areal, weil der Straßenverlauf – betrachtet man ihn von oben – eine Art Schiff bildet. Hier schlägt Wiesbadens Herz vor allem abends, wenn die Altstadtkneipen die Nachteulen locken. Die Gegend gehört zu den ältesten der Stadt. Ein Viertel im Umbruch, das mit seinen krummen und engen Gassen vor Jahren einmal zum Abbruch bestimmt war.

Ursprünglich lebten hier Handwerker und Händler wie die italienische Familie Cetto, die 1728 in der Wagemannstraße 7 ein Haus baute. Dieses steht heute noch und gilt als **ältestes Wohnhaus der Stadt.** Viele Händler hatten im Schiffchen-Areal ihre Läden, auch Metzger und Bäcker wie der Name des **Bäckerbrunnens** in der Grabenstraße beweist. Der neobarocke Brunnen sprudelt noch heute. Sein warmes Wasser kann man Tag und Nacht trinken. Auch Getreidemühlen gab es einst in dem Viertel, angetrieben von einem Bächlein, das allerdings längst unter den Straßen verschwunden ist.

Mit der Schaffung neuer Wohnviertel außerhalb des Altstadtkerns wurde die Altstadt langsam zum **Problemgebiet.** Viele Häuser verfielen, ihren Besitzern fehlte es an Geld und Willen zur Sanierung. In der Wagemannstraße blühte die Prostitution und Bars und Eckkneipen schossen aus dem Boden, die keinen guten Ruf hatten. Mitte der 1960er-Jahre wollte man deshalb das ganze Viertel abreißen. Das aber rief die Wiesbadener auf den Plan, die plötzlich ihr Herz für die Altstadt entdeckten. In der Folge wurden immer mehr **Häuser saniert** und die Höfe entkernt. Eine **neue Szene** entstand. Kleine Kunsthandwerksläden siedelten sich neben Restaurants an, Kneipen neben Juwelieren, Buchhandlungen neben Secondhand-Läden, Modeboutiquen neben Massagesalons, Lädchen für Krimskrams neben Fastfood-Buden. Fast ganz zur **Gastro-Meile** mutierte die enge Goldgasse, wo sich heute die Restaurants ballen.

› Haltestelle: Dern'sches Gelände oder Webergasse

MEIN TIPP

Wenn der Kuckuck ruft

Das Schaufenster des kleinen Souvenirladens Ecke Burgstraße/An den Quellen ist auch heute noch manchmal umlagert, wenn dort über einer auf das Glas montierten Uhr unter einem großen Hirschgeweih eine **Kuckucksfigur** erscheint. Pünktlich zwischen 8 und 20 Uhr zeigt sich der Vogel zu jeder vollen und halben Stunde. 1946 hatte ihn ein Souvenirverkäufer anfertigen und sich die Bezeichnung für die damals größte Kuckucksuhr der Welt schützen lassen. Ein Werbegag vermutlich, der heute nostalgisch anmutet. Denn den Titel „Größte Kuckucksuhr der Welt" hat Wiesbaden längst an das Schwarzwald-Städtchen Triberg abgeben müssen.

1 [E2] **Gebr. Stern GmbH,** An den Quellen 3, Tel. 0611 302112, www.gifts-from-germany.com, Mo.–Fr. 10–19, Sa. 10–18 Uhr

8 Heidenmauer mit Römertor ★ [D2]

Die Heidenmauer ist das **älteste Bauwerk der Stadt.** Nach gängiger Ansicht wurde sie im 4. Jahrhundert unter Kaiser Valentinian I. als Schutzwall gegen germanische Angriffe errichtet: ein gut 500 Meter langes Bollwerk, 2,30 Meter dick und bis zu 10 Meter hoch. Allerdings ist nach neueren Forschungen nicht ausgeschlossen, dass die Mauer auch ein Jahrhundert früher entstanden sein könnte.

Die alte Heidenmauer zog sich vom heutigen Schulberg in östlicher Richtung talwärts bis zur Straße Am Römertor. In Höhe der Langgasse knickte sie leicht nach Süden ab und endete nahe der Marktkirche. Im Mittelalter wurde der römische Verteidigungswall in die Wiesbadener **Stadtbefestigung** integriert.

Ende des 19. Jahrhunderts wurde die Mauer beim Bau der Coulinstraße durchbrochen. Das dabei entstandene Loch wurde 1903 schließlich durch das sogenannte **Römertor** kaschiert: einem Viadukt mit Haupt- und Nebentor, Türmen und überdachtem Wehrgang. Inzwischen wurde das Römertor gründlich saniert und der 1979 hinzugefügte Treppenaufgang zur Talseite, der die Überquerung der Coulinstraße erleichtern sollte, wieder zurückgebaut. An die eigentliche Römerzeit erinnern heute auch ein paar Kopien in Wiesbaden gefundener **Steindenkmäler**, die auf einem Grünstreifen unterhalb des Römertors aufgestellt wurden. Es ist jedoch etwas übertrieben, angesichts der wenigen dort zu findenden römischen Zeitzeugen von einem Freilichtmuseum inmitten der Stadt zu sprechen. Nur ein paar Schritte weiter ostwärts erinnert am Michelsberg eine große **Gedenkmauer** an die von den Nationalsozialisten getöteten Juden der Stadt. Sie steht an der Stelle der alten Synagoge.

› Haltestelle: Michelsberg

MEIN TIPP

Gut zu Mittag essen

Martino Stirn ist einer der besten Köche in der hessischen Metropole. Inmitten der Stadt verwöhnt er seine Gäste mit regional geprägter Frischeküche, z. B. Fleisch vom Weideochsen aus dem Vogelsbergskreis oder Forelle aus dem Taunus. Auch Brot, Gemüse und Obst stammen aus dem direkten Umland. Alle Teigwaren sind handgemacht und frisch, weshalb man auch mal ein bisschen warten muss. Stirns Erfahrungen stammen aus der Lehrzeit in bekannten Sterneküchen, nicht aber die Preise seiner Menüs. In modernem Ambiente genießt man vor allem mittags ein gutes Preis-Leistungs-Verhältnis!

2 [D2] **Chefstable by Martino Kitchen** €€-€€€, Webergasse 6–8, Tel. 0611 9905530, http://martino.kitchen, Di.–Sa. 12–14.45 und 18–22 Uhr

9 Kaiser-Friedrich-Therme ★★★ [D2]

Baden wie zu Kaisers Zeiten: In der denkmalgeschützten Kaiser-Friedrich-Therme lebt der Glanz wilhelminischer Zeiten auch heute noch. Renoviert und technisch aufgemöbelt zeigt sich das einstige Kurmittelhaus nun als großzügige Badelandschaft, die Saunafreunde ebenso verwöhnt wie Warmwasser-Fanatiker, Wellness-Suchende und Kur-Nostalgiker.

Mit viel Liebe und noch mehr Sachverstand hat man das kurz vor dem Ersten Weltkrieg gebaute ehemalige Bade- und Kurmittelhaus renoviert. Blickfang ist noch immer die alte Schwimmhalle mit ihrem sehenswerten **Jugendstil-Dekor.** Aber auch Eingangshalle, Dampfbäder und andere Räume warten längst wieder mit ihren Fresken und Keramiken auf.

Angeblich wurde die Anlage auf den Fundamenten eines römischen Schwitzbades errichtet und an den **Badesitten der Römer** sind auch die heutigen Angebote der Therme orientiert. So gibt es ein „Frigidarium“, einen Frischluftraum zur Abkühlung nach dem Saunagang, ein „Lumenarium“, eine Lichtruhezone mit einem farbigen Himmel, ein „Lavacrum“, ein Kaltwassertauchbecken, und ein „Tepidarium“, in dem der Gast seine irisch-römische Bade- und Sauna-Tour in 40 bis 45 Grad heißer, trocken-warmer Luft startet. Zehn Grad wärmer ist es im „Sudatorium“, noch ein bisschen wärmer im „Sanarium“, einem besonderen Saunavergnügen mit den Aromen ätherischer Öle. Und eine finnische Aufguss-Sauna verwöhnt alle, die es ganz heiß und trocken mögen. Daneben gibt es Dampfbäder und Ruhezonen, ein Sandbad und andere **Wellness-Angebote** wie Massagen und Kosmetikanwendungen.

› Langgasse 38–42, Haltestelle: Webergasse, Tel. 0611 317060, www.mattiaqua.de/thermen/kaiser-friedrich-therme, tgl. 10–22 (Badeschluss: 21.30) Uhr. Von September bis April ist das Bad Fr. und Sa. bis Mitternacht geöffnet (Badeschluss: 23.30 Uhr). Dienstags ist Damentag, Eintritt ab 14 €, Zutritt ab 16 Jahren. Saunatücher und Bademäntel können vor Ort geliehen werden. Als **Coronaschutzmaßnahme** durften zum Zeitpunkt der Drucklegung nicht mehr als 40 Gäste, ausschließlich geimpft, getestet oder genesen, die Therme besuchen. Sie wird in drei Schichten (10–13.30, 14–17.30, 18–21.30 Uhr) betrieben, der Kauf eines E-Tickets (www.mattiaquacard.de) ist obligatorisch.

› In der Kaiser-Friedrich-Therme wird textilfrei gebadet, was auch für die Saunen gilt. Personen unter 16 Jahren ist der Zutritt nicht gestattet. Besucher, die keine Badegäste sind, haben einmal monatlich Gelegenheit, die Therme zu besichtigen. Die rund neunzigminütige Führung findet an jedem ersten Freitag im Monat um 8.30 Uhr statt, um telefonische Reservierung wird gebeten.

10 Kranzplatz und Kochbrunnen ★★★ [D1]

Der Kochbrunnen, in dem mehr als ein Dutzend Quellen gebündelt sind, ist Wiesbadens wohl bekanntester Thermalbrunnen und wahrscheinlich auch einer der ältesten. Schon die Römer nutzten hier das warme Quellwasser, das mit einer konstanten Temperatur von fast 70 Grad Celsius aus der Tiefe steigt. Auch im Mittelalter und in der Neuzeit gehörten die Bäder rund um den Kochbrunnen zu den wichtigsten Zielen aller Wiesbaden-Reisenden.

Erwähnt wurde der Kochbrunnen erstmals im Jahr 1366 als „Bryborn" (Brühborn). 1536 markierte man ihn als „Syedenborn" (Siedeborn). Beide Begriffe kennzeichneten die Beschaffenheit des tief in der Erde **durch Vulkane aufgeheizten Niederschlagswassers,** das mit einer Temperatur zwischen 65 und 70 Grad an die Oberfläche drängt. Heute ist die Quelle durch eine Bohrung gefasst, die stündlich mehr als 20.000 Liter Wasser liefert. Es riecht stark nach **Schwefel** und schmeckt leicht salzig, sodass man es früher auch gern zum Kochen nicht nur von Suppen nahm.

Der Kochbrunnenplatz erhielt erst im späten 19. Jahrhundert sein heutiges Gesicht. Damals legte man für die vielen Kurgäste, die von dem Wasser auch trinken wollten, eine **Kolonnade** an. Sie besteht zum Teil noch heute, ist allerdings nicht mehr offen, sondern durch eine Glasfront abgeschirmt. Sie beherbergt inzwischen ein Bistro-Restaurant mit Außenterrasse. Direkt gegenüber befindet sich die **Hessische Staatskanzlei,** ein re-

Baden wie die alten Römer

Badeempfehlung für das **irisch-römische Bad** in den Kaiser-Thermen. Irisch-römisch bedeutet übrigens, dass das Bad aus einer Kombination römischer Thermal- und Dampfbäder und trockener, irischer Heißluftbäder besteht.

1. Durchgang: Sorgfältige Körperreinigung, sorgfältig abtrocknen, vorwärmen bei 45 °C (6–8 Minuten) oder anwärmen bei 60 °C (8–10 Minuten), aufwärmen bei 80 °C (8–12 Minuten, max. 15 Minuten). Abkühlen in zwei Schritten: Kühlen unter der Kaltwasserdusche, nachkühlen im Kaltwasserbecken (22 °C), insgesamt 10–12 Minuten. Danach warmes Fußbad (3–5 Minuten) und 5–10 Minuten Warmbaden im Warmwasserbecken (37 °C). Dann kalt duschen, fest abtrocknen, durchatmen, etwas Bewegung. Schließlich 10–15 Minuten Dampfbaden bei 45 °C (100 % relative Luftfeuchtigkeit). Anschließend 1–2 Minuten abkühlen. Danach warmes Fußbad (3–5 Minuten). Zum Schluss 10–12 Minuten im Bademantel liegend ruhen.

2. Durchgang: Aufwärmen im Dampfbad bei 45 °C oder im Warmluftraum bei 60 °C oder im Heißluftraum bei 80 °C, insgesamt 12–15 Minuten. Danach Abkühlen in zwei Schritten wie gehabt. Baden im Warmwasserbecken (37 °C). Wieder abkühlen, insgesamt 12–15 Minuten. Zum Schluss sorgfältig abtrocknen, durchatmen und bewegen.

033wb Abb.: gs

präsentatives Gebäude aus der Gründerzeit. Früher war der stattliche Bau ein Hotel, das während des Zweiten Weltkriegs der deutsch-französischen Waffenstillstands-Kommission als Tagungsstätte diente. Als ein Ausbau zum Luxushotel Ende letzten Jahrtausends scheiterte, übernahm das Land Hessen die Herberge. Seit 2004 residiert dort der hessische Ministerpräsident, der in der Staatskanzlei auch die Kabinettssitzungen der Landesregierung leitet. In Sichtweite der Staatskanzlei findet sich ein angriffslustiger Löwe, eine Skulptur des Bildhauers Thomas Virnich. **„Löwenmähne“** hat er sein Kunstwerk betitelt, das mit dem Löwen im hessischen Wappen allerdings nicht viel gemeinsam hat.

◰ *Ein Trinkpavillon, der Kochbrunnen-Springer und die „Löwenmähne“ prägen den Kochbrunnenplatz*

Im **Kochbrunnen-Tempel** an der Südseite des Platzes kann man das Wasser kosten oder in Flaschen, Kanistern oder Kannen mitnehmen. Allerdings ist Vorsicht geboten: Die Grenzwerte von Arsen und Mangan liegen leicht über den Empfehlungen der Mineral- und Tafelwasser-Verordnung. Ärzte raten deshalb, auf keinen Fall mehr als einen Liter Kochbrunnenwasser täglich zu sich zu nehmen. Auch zur Zubereitung von Säuglingsnahrung ist das Wasser ungeeignet.

Schräg gegenüber vom Kochbrunnen-Tempel steht der sog. **Kochbrunnen-Springer:** ein Springbrunnen, der sich vor allem im Winter häufig hinter Dampfwolken versteckt. Er ist mit einem rötlich-gelben Belag überzogen, der jährlich um sieben Zentimeter wächst. Dabei handelt es sich um Sinterablagerungen, die als „Mattiakische Kugeln“ schon in der Römerzeit bekannt waren und zum Färben der Haare dienten. Wer will, kann sich bei den regelmäßigen Brunnenreinigungen die mineralischen Ablagerungen abholen und wie einst die Römerinnen damit die Haare färben.

Im Süden geht der Kochbrunnenplatz in den **Kranzplatz** über. Er war lange Zeit einer der wichtigsten öffentlichen Plätze der Stadt. Vor allem Wanderbühnen, Gaukler und Quacksalber machten hier gern Station. Und im 18. Jahrhundert war er an Sommersonntagen häufig Schauplatz von Theatervorstellungen, zu denen auch der Mainzer Adel gern anreiste. Am Kranzplatz findet sich auch das ehemalige **Palast-Hotel.** Es wurde im März 1905 eröffnet und dient heute als Wohnhaus. Es war eines der ersten deutschen Hotels mit Zimmertelefon. Seine konvex geschwungene Fassade gehört zu den schönsten Beispielen des Jugendstils in Wiesbaden.

Der Schwarze Bock – Badehaus mit Tradition

1486 steht groß an der Tür zur Bar im Hotel Schwarzer Bock. Es ist das Jahr der Hotelgründung. Gerade mal 36 Einwohner hatte Wiesbaden damals, als der Wirt eines Badehauses nahe dem Kochbrunnen ein Schild mit dem schwarzen Kopf eines Bocks vor die Tür hängte. Es sollte, erzählt man sich in der Stadt, an den Eigentümer des Bades erinnern, den Bürgermeister Philipp zu Bock, dessen Markenzeichen angeblich sein schwarzer Haarschopf war. Jedenfalls nutzte man im Schwarzen Bock die umliegenden heißen Quellen, die schon zu römischer Zeit reichlich sprudelten. Antike Kellerfundamente und römische Ziegelsteine, die heute im Hotel zu bewundern sind, erinnern an die Anfänge der Wiesbadener Badekultur.

Im 16. Jahrhundert zerstörte ein Brand das Haus, im 30-jährigen Krieg ruinierten es Soldaten aus Frankreich, Schweden und Spanien. Trotz dieser Schicksalsschläge wurde der Schwarze Bock im Lauf des 18. Jahrhunderts zum ersten Haus am Platz. Das Quellwasser diente übrigens nicht nur der Eigenversorgung, sondern wurde gern auch nach Mainz oder Frankfurt verkauft, wohin man es in doppelwandigen Fässern lieferte.

Im Vergleich zu heute waren die Hotelzimmer damals noch spartanisch eingerichtet. So hatten alle Betten Strohsäcke mit Unterbett und Haarmatratzen, die schönsten Zimmer besaßen zusätzlich ein Kanapee. Verköstigen mussten sich die Gäste selbst. Sie kochten ihre Mahlzeiten auf den Öfen im Zimmer. Noch vor dem Ersten Weltkrieg wurde der Schwarze Bock durch einen modernen und großen Neubau ersetzt und alle auf dem Hotelgelände gelegenen Quellen zu einer vereinigt und neu gefasst. Sie erhielt in Anlehnung an das Wiesbadener Stadtwappen den Namen Drei-Lilien-Quelle.

Im Zweiten Weltkrieg zerstörten Fliegerbomben das Hotel. Nur die Fassade blieb stehen. Schon bald aber konnte der Schwarze Bock wieder an seine Vorkriegs-Glanzzeiten anknüpfen. Zum Schmuckstück wurde das sogenannte Ingelheimer Zimmer mit seinen wertvollen Schnitzereien aus dem 16. Jahrhundert. Inzwischen verfügt der Schwarze Bock über mehr als hundert stilvoll eingerichtete Zimmer verschiedenster Preiskategorien, eine Bistro-Bar und unterschiedliche Veranstaltungsräume. Heute wie damals aber ist das Badhaus mit seinen Wannenbädern und dem Spa-Bereich der Besuchermagnet. Ein Pool lockt Tag für Tag mit mehr als 30 Grad warmem Quellwasser.

› **Schwarzer Bock** (s. S. 127), Badehaus: Tel. 0611 18171730, https://badhaus-wiesbaden.de, Öffnungszeiten Mo.–Do. 11–19, Fr.–So. 11–17 Uhr

Bis heute erhalten blieb unter anderem die Schmuckverglasung der Kuppel des ehemaligen Wintergartens. Ebenfalls am Kranzplatz findet sich Wiesbadens ältestes Hotel: der 1486 gegründete **Schwarze Bock**, der heute zur Radisson-Hotelkette gehört. Auch seine Badeanlagen werden vom Kochbrunnen gespeist, der zudem noch für eine Reihe weiterer Abnehmer das Wasser liefert – etwa für das Neue Rathaus 3 und die Wohnungen im ehemaligen Palast-Hotel.

› Haltestelle: Kochbrunnen

Kurviertel

Das Kurviertel ist **Wiesbadens Schokoladenseite.** Puristen rechnen dazu auch die Gegend um Kranzplatz und Kochbrunnen (10). Zu den Hauptattraktionen des Kurviertels zählen **Kurhaus** (11) und **Staatstheater** (12) samt den Kolonnaden und dem Bowling Green, wie englische Kurgäste die große Rasenfläche einst nannten. Dominierend sind auch die vielen Grünflächen wie der **Kurpark** (13) oder der **Warme Damm** (14). Ebenfalls zum Kurviertel gehört Wiesbadens Prachtboulevard, die **Wilhelmstraße** (15) – oder zumindest deren Ostseite. Mit der **Villa Clementine** (16) und der **Villa Söhnlein-Pabst** (14), dem „Weißen Haus" in der Paulinenstraße, finden sich dort auch einige der schönsten Häuser der Stadt.

Bis ins 19. Jahrhundert war das Gebiet so gut wie nicht besiedelt und diente den Kurgästen nur zum „Lustwandeln". Erst mit dem Bau des später als „Cursaal" bezeichneten Gesellschaftshauses anno 1810 begann die Erweiterung der Stadt Richtung Osten, in deren Rahmen zwischen Sonnenberger und Bierstadter Straße viele neue Villen entstanden. Später dehnte sich die Stadt auch Richtung Nordosten weiter aus und längs der Taunusstraße und im Nerotal (17) entstanden prachtvolle Bauten und Parkanlagen.

(11) Kurhaus mit Spielbank ★★★ [F2]

Wiesbadens Juwel und der wahrscheinlich populärste Bau der Stadt ist das Kurhaus. Jahr für Jahr zählt es gut 200.000 Besucher, vor allem Gäste internationaler und nationaler Kongresse, Tagungen, Konferenzen und Ausstellungen. Aber auch die Veranstalter von Banketten, Firmenpräsentationen, Gala-Diners und Charity-Abenden nutzen gern die historischen Säle. Hauptattraktion jedoch ist die Spielbank mit dem Großen (klassisches Spiel) und Kleinen Spiel (Automatenspiel).

Das **Glücksspiel** prägt Wiesbadens Geschichte schon seit Jahrhunderten. Fürst Carl von Nassau-Usingen hatte anno 1771 das Privileg dazu verliehen. Später wurde das Roulette eingeführt, dem man im Hotel Adler frönte, wo es abends zudem Konzerte und Bälle gab. Die Zunahme der Kurgäste und ihre Lust, nicht nur ihre Wehwehchen zu beklagen, sondern das Leben auch richtig zu genießen, machte schließlich den Bau eines **„Gesellschaftshauses"** nötig, wie man das erste Kurhaus nannte. 1810 war es fertig, „ein Prachtgebäude in schönstem italienischen Styl", wie es in einer zeitgenössischen Beschreibung hieß.

Auch **Johann Wolfgang von Goethe**, der gern in Wiesbaden kurte, lobte den Bau: „Hier ist ein Saal erbaut, welcher den Weimarer Schloß- und Schießhaussaal vereint darstellt und größer ist als jene zusammen. Dem Freund der Baukunst wird der große Cursaal Vergnügen und Muster gewähren". Rund zweitausend Gäste (buchstäblich halb Wiesbaden) tanzten zur Eröffnung des neuen Gesellschaftshauses.

Im Lauf der Jahre wurde das alte Kurhaus zu klein, sodass man sich zu einem **Neubau** an gleicher Stelle entschloss. 1907 wurde er in Anwesenheit von Kaiser Wilhelm II. seiner Bestimmung übergeben. Als „schönstes Kurhaus der Welt" lobte dieser den Bau. Architekt des 6 Millionen Goldmark teuren Hauses war Friedrich

035wb Abb.: gs

von Thiersch, der durch seinen Entwurf für den Berliner Reichstag berühmt geworden war.

Damals wie heute zeigt sich das Kurhaus mit **zwei gleich großen Flügeln.** Blickfang ist der **ionische Säulenportikus** über dem Haupteingang. Er trägt die Aufschrift „Aquis Mattiacis" und erinnert an die heißen Quellen, die schon zur Römerzeit in Wiesbaden sprudelten. Der **südliche Flügel** beherbergt den nach seinem Erbauer benannten **Friedrich-von-Thiersch-Saal:** einen großen Festsaal mit mehr als tausend Sitzplätzen. Hohe Säulen aus nassauischem Marmor und mit Mahagoni getäfelte Wände sind sein Markenzeichen. An ihn schließt sich der sogenannte **Muschelsaal** an. Seinen Namen verdankt er den mit Kieseln und Muscheln als Symbolen für Wasser und Erde verzierten Fresken. Daneben gibt es kleinere Gesellschaftsräume und Salons, die vielfältig genutzt werden können. Ein kleinerer Festsaal (Christian-Zais-Saal), ein Restaurant und das Kasino mit dem Großen Spiel haben im **Nordflügel** Platz gefunden.

Beide Flügel verbindet das **Foyer,** eine repräsentative Empfangshalle mit einer 21 Meter hohen Kuppel. Vor den Wänden stehen Statuen griechischer Götter, über ihnen befinden sich runde Mosaikmedaillons mit Darstellungen aus der römischen Mythologie. Sie zeigen die Liebesgöttin Venus, den für Heilkunst, Weissagung und Musik zuständigen Gott Apollo, die Jagdgöttin Diana und den Meeresgott Neptun. Darunter sind vor den Kuppelpfeilern vier weitere Marmorfiguren aus der griechischen Sagenwelt zu sehen: Athene, Asklepios, Irene mit dem Plutoknaben und nochmals Apollo. Während der Weihnachtszeit ziert gewöhnlich ein großer **Weihnachtsbaum** das Foyer.

Ein Großteil der **historischen Ausstattung** des Kurhauses fiel im Zweiten Weltkrieg einem Bombenangriff zum Opfer. Danach wurde das Gebäude zunächst nur notdürftig repa-

Kaiser Wilhelm II. lobte das 6 Millionen Goldmark teure Kurhaus als das schönste der Welt

034wb Abb.: gs

riert. Erst in den 1980er-Jahren wurde es nach den originalen Bauplänen und alten Fotografien wieder so restauriert, wie es sich vor dem Krieg gezeigt hatte. Mehr als 60 Millionen D-Mark ließ man sich diese Generalüberholung kosten.

Vor dem Haupteingang liegt das sogenannte **Bowling Green**, eine große Rasenfläche mit zwei Springbrunnen. Englische Kurgäste gaben ihm einst den Namen, erinnerte sie das weite Grün doch an ihre eigenen „Bowls"-Plätze (französisch: *Boule*). Früher fanden auf dem Platz gelegentlich Konzerte statt, die unter anderem Bryan Adams, Elton John, Eric Clapton, Plácido Domingo oder Lionel Richie nach Wiesbaden führten. Unter dem Rasen findet sich übrigens eine helle und geräumige Tiefgarage mit mehreren hundert Stellplätzen und direkten Zugängen zu Kurhaus, Spielbank und Staatstheater.

⌃ *Nassauischer Marmor und mit Mahagoni vertäfelte Wände zieren den Friedrich-von-Thiersch-Saal*

Beidseits der Rasenfläche stehen zwei große Kolonnaden: die Theater- und die Kurhaus-Kolonnade, die auch als Brunnenkolonnade bekannt ist. Die **Kurhaus-Kolonnade** entstand Mitte der 1820er-Jahre und ist mit 129 Metern Länge die wahrscheinlich längste Säulenhalle Europas. Sie sollte den Kurgästen bei schlechtem Wetter als Promenade dienen und Platz für 50 Händler schaffen, die bis dahin ihre Waren in einfachen Buden angeboten hatten. Gut zehn Jahre später entstanden auf der gegenüberliegenden Seite die **Theaterkolonnaden**, eine wetterfeste Verbindung zwischen dem alten Kurhaus und der Wilhelmstraße.

Beide Kolonnaden wurden im klassizistisch-modischen Stil der damaligen Zeit gestaltet. Mit Dutzenden dorischer Säulen, die unter einem schlichten Satteldach aneinandergereiht wurden. Ein fast futuristisches Projekt mitten im Biedermeier, das auf die Kurgäste mächtig Eindruck gemacht haben muss. Im Lauf der Jahre wurden die beiden Kolonnaden immer wieder umgebaut, erweitert und ihren Zwecken angepasst. So wurde die Kurhaus-Kolonnade nach dem Einbau einer Trinkstelle für das vom Kochbrunnen eingespeiste Wasser zur Wandelhalle umgestaltet. Später wurde der Bau unter anderem für Vereinsfeste, Ausstellungen, Konzerte und Vorträge, als Tanzschule oder Automobilsalon genutzt. Im östlichen Teil ist heute das **Automatenspiel** der Spielbank untergebracht: Zahllose „einarmige Banditen" stehen hier in Reih' und Glied.

Das „**Große Spiel**" residiert im Kurhaus, in dessen Foyer der Spielbetrieb 1949 wieder startete. 1984, nach der umfangreichen Renovierung des Kurhauses, kehrte die Spielbank an ihren angestammten Platz zurück, dessen Wand- und Deckenvertäfelungen zusammen mit den riesigen Kristalllüstern noch immer einen stimmungsvollen Rahmen für Black Jack, Roulette oder Poker bieten. Zwei Jahre später wurde das Residenzverbot von 1771 aufgehoben, das allen Wiesbadener Bürgern bis dahin den Besuch der Spielbank verbot. Die Neuregelung steigerte Besucherzahl und Gewinn. So spülen die rund **200.000 Kasino-Besucher jährlich** inzwischen viele Millionen in die Kassen der Spielbankbetreiber und der Stadt.

Für Roulette-Spieler hält Wiesbaden übrigens eine besondere Form des Spiels bereit, die „**Wiesbadener Super-Zahl**". So ist es ohne zusätzlichen Einsatz möglich, beim Spiel das Zwei-, Drei-, Vier- oder gar Fünffache des normalen Gewinns zu erzielen. Glücksbote ist eine Anzeigetafel mit fünf Zahlenwalzen. Zeigt sie zwei gleiche Zahlen und stimmt die doppelt erschienene Zahl mit der im Roulette-Kessel gefallenen Gewinnzahl überein, wird der Gewinn für alle Gewinnsätze im Zahlenfeld verdoppelt. Erscheinen auf der Anzeige drei, vier oder gar fünf mit der Gewinnzahl übereinstimmende Zufallszahlen, erhöht sich der Gewinn entsprechend. Den Kasino-Gästen werden die „Super-Zahlen" durch eine Fanfare verkündet, die umso klangvoller ertönt, je größer der Gewinn ist. Ähnliche, nur hier ausgelobte Prämien, die eine Vervielfachung des Gewinns bedeuten, gibt es auch beim Black Jack. Übrigens: Für alle Neueinsteiger gibt es freitags und samstags Schnupperkurse (Info-Tel. 0611 536167), die mit den Spielregeln bekannt machen sollen – und bei denen es sogar echte Jetons zu gewinnen gibt.

› **Spielbank Wiesbaden,** Kurhausplatz 1, Tel. 0611 536100, www.spielbank-wiesbaden.de, tgl. 14.45–3 Uhr, Fr., Sa. bis 4 Uhr. Haltestelle: Kurhaus/Theater. Besucher müssen mindestens 18 Jahre alt sein und benötigen einen gültigen amtlichen Ausweis. Herren sollten Hemd und Jackett tragen, wenn möglich auch Krawatte oder Fliege. Das Automatenspiel in den Kurhauskolonnaden ist täglich von 11 bis 4 Uhr (So. ab 12) zugänglich, auch dort ist ein Ausweis gefragt.

⑫ Hessisches Staatstheater ★★★ [E2]

Das Hessische Staatstheater gehört zu den zehn am besten besuchten deutschen Bühnen. Es verfügt über vier Spielstätten: das Große Haus (1.041 Plätze), das Kleine Haus (272 Plätze), das Studio (89 Plätze) und die externe Wartburg (154 Plätze). Auf dem Programm stehen Schauspiel, Oper, Ballett, Musiktheater und Konzerte. Außerdem gibt es ein eigenes Ensemble für Kinder- und Jugendtheater. Neben dem regulären Programm organisiert das Staatstheater

Dostojewski in Wiesbaden

Mit seinen Spielbankbesuchen machte der Schriftsteller Fjodor Michailowitsch Dostojewski Geschichte. 1865 verspielte er beim Roulette in Wiesbaden seine Reisekasse. Nachdem er rund 3000 Goldrubel durchgebracht hatte, war er praktisch mittellos. Sein Verleger wollte ihm nur noch Geld geben, wenn er möglichst schnell einen neuen Roman liefere. So verarbeitete er seine Erlebnisse in der Spielbank in nur wenigen Wochen in seinem Roman „Der Spieler", den er seiner Stenografin und späteren Ehefrau diktierte. Das Buch, das im fiktiven „Roulettenburg" spielt, gehört heute zu den Klassikern der Weltliteratur – eine packende Geschichte um Geldgier, Spielsucht und Eitelkeiten.

1871 kam Dostojewski erneut nach Wiesbaden – und verspielte wieder all sein Geld, sodass ihm der Hotelwirt kein Essen, sondern nur noch heißen Tee servierte. Trost suchte er beim Priester der Russisch-Orthodoxen Kirche 20. Nach seinem Besuch dort schrieb er hoffnungsvoll an seine Frau: „Jetzt ist es zu Ende, dies ist das allerletzte Mal gewesen, glaubst Du, dass meine Hände jetzt frei sind? Ich war durch das Spiel gebunden, jetzt werde ich an die Arbeit denken. Jetzt, da ich erneuert bin, werden wir zusammen durch das Leben gehen, und ich werde dafür sorgen, dass du glücklich wirst". Der Literat hielt Wort. Zurück in Russland verfasste er seine letzten beiden großen Werke: „Der Jüngling" und „Die Brüder Karamasow". Heute erinnert an ihn ein historischer Roulettekessel in der Spielbank und eine Büste im Kurpark 13.

die Internationalen Maifestspiele und alle zwei Jahre die Theaterbiennale „Neue Stücke aus Europa", eines der größten Festivals für europäische Gegenwartsdramatik.

Wiesbadens Theatergeschichte bestimmten anfangs Wanderbühnen, die auf den großen Plätzen der Stadt auftraten, später auch in großen Sälen. Schließlich gab es ein privat finanziertes, staatlich subventioniertes Theater. Anfang des 19. Jahrhunderts schließlich finanzierten die nassauischen Herzöge zusammen mit der Stadt einen eigenen Musentempel und eine kleine Truppe von Schauspielern und Sängern: das **Herzoglich Nassauische Hoftheater**, das lange Jahre aus Kostengründen mit dem Mainzer Theater kooperierte.

Angesichts der immer zahlreicher werdenden Kurgäste erwies sich das Hoftheater mit der Zeit als zu klein, sodass ein Neubau nötig wurde. Nach nicht einmal zweijähriger Bauzeit war der 1894 fertig. Geplant hatten den 1,8 Millionen Goldmark teuren Prachtbau die **Wiener Architekten Fellner und Helmer**, die ähnlich prunkvolle Theaterneubauten zuvor schon in Wien und Zürich geschaffen hatten. Acht Jahre später fügte man dem neobarocken Bau an der Ostseite für weitere 584.000 Mark ein **Foyer** an, das noch prächtiger war als der Zuschauerraum: eine 400 Quadratmeter große Halle im Geist der Zeit, deren Baumeister sich stilistisch an den Schlossbauten in Bruchsal und Würzburg orientierten. „So etwas haben wir in Berlin nicht", soll der letzte

Vor der Rückseite des Hessischen Staatstheaters thront Friedrich Schiller als Denkmal

063wb Abb.: gs

deutsche Kaiser bei der Einweihung des Anbaus gesagt haben, der rechtzeitig zu den Maifestspielen 1902 fertig geworden war. Nach den gesellschaftlichen Regeln der Wilhelminischen Ära hatten damals nur die Besucher des Parketts und des ersten Rangs Zutritt zum Foyer. Die Gäste des zweiten Rangs konnten nur durch Löcher in der Gewölbedecke in den Saal sehen. Besuchern des dritten Rangs war gar kein Einblick möglich.

Blickfang des Foyers sind neben der **Treppe**, die vom ersten Rang ins Erdgeschoss führt, zahlreiche **Frauengestalten auf dem Kranzgesims.** Sie sollen Scherz, Wahrheit, Würde, Frohsinn, Gerechtigkeit und Ernst verkörpern. Ein **Deckengemälde** zeigt die Erhebung der Menschheit durch die vom Himmel herabsteigende Kunst. Heute dient das Foyer mit seinem kleinen Restaurant, das gewöhnlich schon lange vor Vorstellungsbeginn seine Tore öffnet, vor allem als Pausentreffpunkt.

Nur zur Schau hat man dem Wiesbadener Theater an seiner Rückseite einen reich verzierten Giebel mit einem klassischen **Säulenportikus** verpasst. Davor steht ein **Denkmal Friedrich Schillers,** dessen Satz „Der Menschheit Würde ist in Eure Hand gegeben. Bewahret sie!“ seit 1905 die Giebelwand ziert. Auf dem Dach ziehen einer Quadriga ähnliche Gespanne die Blicke an. Sie zeigen unter anderem **Euterpe**, eine der neun olympischen Musen, die Musik und Lyrik verkörpert, in einem von drei Panthern gezogenen Streitwagen.

MEIN TIPP

Eiszeit im Theaterschatten

Zum Jahreswechsel verwandelt sich der Platz am Warmen Damm (14) im Schatten des Hessischen Staatstheaters (12) in eine Winterlandschaft. Dann lädt eine große **Eisbahn** Jung und Alt zum **Schlittschuhlaufen.** Glühwein hilft beim Aufwärmen!

Seit seiner Gründung wechselte das Theater immer wieder seine **Trägerschaft.** So übernahm 1932 die Stadt Wiesbaden die Bühne vom Land Preußen und aus dem „Preußischen Staatstheater" wurde das „Nassauische Landestheater". 1947, die Trägerschaft war inzwischen zum neu geschaffenen Bundesland Hessen gewechselt, nahm die Bühne ihren Spielbetrieb als „Großhessisches Staatstheater" und später als „Hessisches Staatstheater Wiesbaden" auf. **Brände und Kriege** bremsten immer wieder den Spielbetrieb. So zerstörten Bomben in der Nacht vom 2. auf den 3. Februar 1945 die Nordseite des Theaters samt der prunkvollen Decke im Zuschauerraum, die nach Kriegsende aus Kostengründen ganz

Internationale Maifestspiele: Gütesiegel von Weltrang

Wiesbadens Maifestspiele zählen zu den traditionsreichsten Kulturveranstaltungen Deutschlands. Opern- und Schauspielinszenierungen namhafter Theaterensembles, exzellente Tanzaufführungen, Konzerte, Lesungen und Gala-Abende mit weltbekannten Sängerinnen und Sängern locken jährlich viele Tausend Besucher in die hessische Hauptstadt. Unter ihnen sind auch mehr und mehr Kinder und Jugendliche, für die man mit der **„Jungen Woche"** einen eigenen Programmrahmen geschaffen hat.

Die Idee zu den Maifestspielen lieferte Bayreuth mit seinen Richard-Wagner-Festspielen, Deutschlands ältestem und erfolgreichstem Opernfestival. Kein Wunder, dass man nach der Eröffnung des neuen Theaters 1894 in Wiesbaden die Idee eines Musikfestivals ebenfalls aufgriff. Und weil auch der damalige deutsche Kaiser, der gewöhnlich im Mai in der Stadt kurte, daran Gefallen fand, wurden die Maifestspiele Wiesbaden geboren.

„Festspiele auf allerhöchsten Befehl" stand auf Plakaten und Programmen, die 1896 zu den ersten Maifestspielen einluden. Der Kaiser und die Kaiserin gehörten zu den Premierengästen und wie in Bayreuth bildeten auch in der Kurstadt die Opern Richard Wagners den Schwerpunkt der Aufführungen. Gern gespielt wurde aber auch Carl Maria von Webers „Oberon", eine der populärsten Opern jener Zeit.

Der **Erste Weltkrieg** zwang zu einer Festspielpause. Im neuen „Preußischen Staatstheater" aber knüpfte man schon bald wieder an die erfolgreichen Vorkriegsjahre an. Höhepunkte markierten unter anderem die Erstaufführung von Richard Strauss' Oper „Die ägyptische Helena", die er selbst dirigierte, oder eine Aufführung Arthur Schnitzlers dramatischer Dichtung „Der Gang zum Weiher". Mit der **Gleichschaltung der Theater im Dritten Reich** verloren die Maifestspiele schließlich an Bedeutung und fanden bis 1939 nur noch im Rahmen der sogenannten Gaukulturwochen statt.

Umso glanzvoller war 1950 der Festival-Neustart. **„Internationale Maifestspiele"** hießen sie jetzt, was bedeutete, dass auch ausländische Bühnen zu den Aufführungen eingeladen wurden. Zu den ersten Gästen nach dem Zweiten Weltkrieg gehörten die Wiener Staatsoper, die Römische Oper und die französische Grand Opéra National. Aber auch die Wiesbadener Eigenproduktionen brauchten sich angesichts der internationalen Gäste nicht zu verstecken. In den 1960er- und 1970er-Jah-

zeitgenössisch neu gestaltet wurde. Das prächtige Foyer wurde in der Spielzeit 1949/50 vom Theater abgetrennt und bis 1956 als Spielkasino genutzt. Mit Lessings „Nathan der Weise“ wurde 1950 das Kleine Haus eröffnet. Ende der 1970er-Jahre wurde das mittlerweile in die Jahre gekommene Staatstheater gründlich saniert und mit einem **Anbau** versehen, in dem Proberäume, Werkstätten, Intendanz und Verwaltung untergebracht wurden. Im Gegensatz zum steinernen Altbau setzte man beim Neubau auf große Glasfassaden. Gleichzeitig wurde der Zuschauerraum des **Großen Hauses** nach historischem Vorbild rekonstruiert. Seitdem zieren ihn wieder eindrucksvolle Deckenmalereien und ein riesiger Kronleuchter.

Mit über 300.000 Besuchern zählt das Hessische Staatstheater zu den erfolgreichsten Bühnen der Republik. Das liegt vor allem am breiten Repertoire, zu dem neben Schauspiel und Theater auch Oper, Operette, Musical, Ballett und andere Sujets zählen. Es ist auch auffallend, wie beliebt das Theater bei jungen Leuten ist.

› **Hessisches Staatstheater Wiesbaden** (Großes Haus/Kleines Haus/Studio), Christian-Zais-Str. 3, www.staatstheater-wiesbaden.de, Theaterkasse: Tel. 0611 132325, Ticketverkauf Mo.-Fr. 10-19.30, Sa. 10-14, So. 11-13 Uhr, Haltestelle: Kurhaus/Theater

13 Kurpark ★ [G2]

Träumen und Entspannen inmitten der Großstadt: Der anno 1852 im Stil eines englischen Landschaftsgartens angelegte Kurpark macht das möglich. Kilometerlang erstrecken sich seine Wiesen, Teiche, Blumenbeete und Baumflächen Richtung Sonnenberg 37. Vor allem an sonnigen Wochenenden und Feiertagen verwandelt sich die grüne Oase hinter dem Kurhaus in einen **mediterranen Korso.** Jung und Alt stolzieren an Azaleen, Magnolien, Sumpfzypressen und Rhododendren vorbei. Viel Prominenz hat sich hier schon amüsiert. So wird in Wiesbaden gern erzählt, dass der junge **Elvis Presley** im Kurpark seiner

ren, als der Eiserne Vorhang zwischen Ost und West langsam durchlässiger wurde, kamen auch mehr und mehr osteuropäische Ensembles. So zum Beispiel die Warschauer Oper, die Ungarische Staatsoper, die Rumänische Oper aus Bukarest, das Ballett des Leningrader Kirow-Theaters oder das Moskauer Bolschoi-Ballett, das gleich mehrmals in Wiesbaden gastierte.

Wegen des Umbaus des Staatstheaters entschied man sich 1978, anstelle der Maifestspiele „Internationale Festliche Tage“ zu veranstalten. Sie währten gleich ein halbes Jahr und setzten mit einer eindrucksvollen Festaufführung von Richard Wagners „Meistersinger“ zur Wiedereröffnung des Großen Hauses den glanzvollen Höhepunkt. Schließlich kamen Gastbühnen aus Nordeuropa, Spanien und Amerika nach Wiesbaden und neben dem Sprechtheater wurden auch **Kinder- und Jugendbühnen** mehr und mehr Festivalplatz eingeräumt. Heute bieten die Maifestspiele Theater von höchstem Niveau, von der Barockoper bis zum modernen Tanztheater. Das gewichtige Angebot honoriert übrigens auch das Publikum. So sind während der Wiesbadener Maifestspiele im Durchschnitt neun von zehn Sitzplätzen belegt. Eine Zahl, die für sich spricht!

Kurpark in Zahlen
- 75.000 m² Gesamtfläche
- gut 700 Bäume
- 74 Baumarten

späteren Frau Priscilla, die es mit ihrem Stiefvater 1959 nach Wiesbaden verschlagen hatte, den Hof gemacht hätte.

Gleich am Eingang findet sich das sogenannte **Nizza-Plätzchen** mit einigen Säulen des alten Kurhauses, das Anfang des 20. Jahrhunderts dem heutigen Bau weichen musste. Dort auch steht die Büste des russischen Schriftstellers **Fjodor Dostojewski** (s. S. 36), der im Wiesbadener Kasino ein Vermögen verspielte.

Hauptattraktion des Kurparks ist ein **Weiher** mit einer **sechs Meter hohen Fontäne.** Von Mai bis Oktober kann er mit kleinen Booten (Verleih: Mi.–Fr. 15–18, Sa.–So. 11–18 Uhr) befahren werden. Ein schöner Freizeitspaß! In der **Konzertmuschel** hinter dem Kurhaus, die Platz für bis zu 60 Musiker bietet, fanden früher täglich Kurkonzerte statt. Heute bietet sie gelegentlich Rock-, Pop- oder Jazzmusikern Platz, die hier zum Beispiel im Rahmen des Rheingau Musik Festivals (s. S. 101) auftreten. Hunde müssen im nachts geschlossenen Kurpark an die Leine. Ein anderes Schild richtet sich an die Radler: „Vernünftige fahren hier nicht Rad. Den anderen ist es verboten.“

14 Warmer Damm mit Villa Söhnlein-Pabst ★★ [F3]

Zu den schönsten Parkanlagen Wiesbadens gehört der Warme Damm, eine grüne Oase mit Teich und Spazierwegen inmitten der Stadt. Der Mitte des 19. Jahrhunderts im Stil englischer Landschaftsgärten angelegte Park säumt die Wilhelmstraße 15 und grenzt im Norden an das Hessische Staatstheater 12 und im Süden an die Villa Clementine 16, die wahrscheinlich schönste öffentlich zugänglichen Stadtvilla. „Weißes

Mit Tret- und Ruderbooten können Besucher den Weiher im Kurpark erobern

064wb Abb.: gs

Haus" wird im Volksmund die nur ein paar Schritte weiter gelegene Villa Söhnlein-Pabst genannt, die ein reicher Sektfabrikant einst für seine Gattin bauen ließ.

Die **Parkanlage** verdankt ihren Namen einem Damm, der den sogenannten **Warmen Weiher** begrenzte, einen 1805 zugeschütteten Teich, in dem sich bis dahin das nicht genutzte Wasser der Wiesbadener Thermalquellen sammelte und den man gern als Pferdeschwemme nutzte. Nach und nach wurde der Warme Weiher schließlich trockengelegt und als eine Art Verlängerung des Kurparks zum **Gesellschaftsgarten** umgestaltet. Heute steht er mit seinen rund 200 Bäumen, einem Spielplatz und einem Freiluft-Schachspiel **unter Denkmalschutz.** Im großen **Teich** tummeln sich Graureiher neben Nilgänsen, Teichrallen und Stockenten. Blickfang im Park ist das große **Denkmal für Kaiser Wilhelm I.**, das Ende des 19. Jahrhunderts in Anwesenheit des Kaisers eingeweiht wurde. Aufmerksamkeit verdienen auch zwei spielende **Bronzepferde**, eine 1962 entstandene Plastik des Bildhauers Gerhard Marcks.

An das Ostende des Parks grenzt die **Villa Söhnlein-Pabst.** Der Stadtpalast wurde Anfang des letzten Jahrhunderts im Namen des Sektfabrikanten Friedrich Wilhelm Söhnlein und seiner Frau Emma Pabst erbaut. Weil der Bauherr seiner aus einer amerikanischen Brauerei-Dynastie stammenden Gattin etwas Besonderes bieten wollte, ließ er das Gebäude nach dem Vorbild des amerikanischen Präsidentenpalastes, des Weißen Hauses in Washington, planen. Deshalb nennen die Einheimischen den Stadtpalast noch heute gern **„Weißes Haus"**.

037wb Abb.: gs

Das **US-Militär** nahm das Gebäude nach dem Zweiten Weltkrieg denn auch prompt in Beschlag und benutzte es zuletzt als Hauptquartier des Standorts Wiesbaden. Zeitweise gehörte zur Villa auch ein Musikzentrum, in dem unter anderem **Elvis Presley** während seines Militärdienstes in Deutschland auftrat. 1995 ging die Villa in den Besitz des Landes Hessen über, das sie kurzzeitig als Außenstelle der Hessischen Staatskanzlei nutzte. Ende der 1990er-Jahre wollte man die ganze Landesbehörde hier unterbringen. Doch weil sich der Plan zerschlug, verkaufte Hessen die Villa Söhnlein-Pabst 2005 an einen Privatmann.

› **Villa Söhnlein-Pabst,** Paulinenstraße 7, Haltestelle: Friedrichstraße

Nicht nur Washington besitzt ein „Weißes Haus". Das in Wiesbaden schuf ein Sektfabrikant.

⑮ Wilhelmstraße ★★★ [E3]

„Die Rue" nennen die Einheimischen die Wilhelmstraße schlicht. Sie ist Wiesbadens Prachtboulevard. Geplant war sie ursprünglich als Allee, weshalb man sie gleich viermal breiter baute als die barocken Altstadtgassen. Besonders gern nutzte sie Kaiser Wilhelm II. bei seinen Besuchen für den Weg vom Bahnhof in die Stadt.

Bereits Anfang des 19. Jahrhunderts war sie die beliebteste Flaniermeile der Stadt, was sie für viele auch heute noch ist. Am besten zum Bummeln eignet sich die **Westseite,** wo sich vornehme Läden mit großen Schaufenstern und Cafés finden. Stattliche Villen und ein großer Park kennzeichnen dagegen die **Ostseite** der Wilhelmstraße. Ihr Name erinnert an den nassauischen **Herzog Wilhelm I. von Nassau-Weilburg,** dem Wiesbaden neben dem Jagdschloss Platte ㊱ auch den Bau des neuen Stadtschlosses ④ verdankt.

Der Boulevard sollte den Stolz des aufstrebenden Kurstädtchens verkörpern und außerdem den Norden Wiesbadens mit dem Süden verbinden. An ihrem nördlichen Ende fand das Bowling Green mit dem Kurhaus ⑪ Platz. Weiter südlich legte man den sogenannten Warmen Damm ⑭ an. Noch weiter südlich trifft man auf prächtige Stadtpaläste wie die Villa Clementine ⑯ oder das Haus Wilhelmstraße 15, in dem heute der **Nassauische Kunstverein** (s. S. 83) auf rund 350 m² Ausstellungsfläche vorwiegend junge, experimentelle Kunst aus dem In- und Ausland zeigt.

Hinter der Villa Clementine befindet sich die **anglikanische Kirche Sankt Augustin.** Das neogotische Gotteshaus entstand Mitte des 19. Jahrhunderts und erhielt 1887/88 seinen Glockenturm. Bauanlass war die damals starke Zunahme britischer Kurgäste, denen Wiesbaden einen Raum für religiöse Andacht und Gottesdienst schaffen wollte.

Eine Reihe stattlicher Bauten findet sich auch auf der Westseite der Rue. Dazu gehört der sogenannte **Erbprinzenpalast** (Wilhelmstraße 24), in dem heute die Industrie- und Handelskammer (IHK) residiert. Der klassizistische Palast wurde eigens für Herzog Friedrich Wilhelm von Nassau-Weilburg errichtet, der jedoch schon bald aus dem noch nicht ganz fertiggestellten Bau wieder auszog, weil er früher als erwartet die Amtsgeschäfte übernehmen musste. Aus dem Palast wurde so ein Verwaltungsgebäude, das im Lauf der Zeit unter anderem als Museum, Behördenzentrum und Ministerium genutzt wurde, ehe es zum Sitz der IHK Wiesbaden wurde.

Weiter nördlich findet sich ein kleines Plätzchen mit dem **Bronzedenkmal Kaiser Friedrichs III.,** der nur 99 Tage regierte. Das Kaiser-Friedrich-Plätzchen war einst ganz von klassizistischen Gebäuden umgeben. Davon steht heute nur noch der **Nassauer Hof** (s. S. 127), Wiesbadens exklusivstes Hotel, das zur Vereinigung „The Leading Hotels of the World" gehört und in dem unter anderem schon Berühmtheiten wie Wladimir Putin, Richard Nixon, Luciano Pavarotti, John Fitzgerald Kennedy, Audrey Hepburn und der Dalai Lama residierten. Mit der „Ente" verfügt das Hotel zudem über ein hervorragendes Restaurant, das seit 1979 jährlich mit einem Michelin-Stern gekrönt wurde.

› Haltestelle: Wilhelmstraße

Wiesbadener Prinzenraub

Es war eine spannende Geschichte, die 1888 die Massen in Atem hielt: eine Story nicht nur für Klatschreporter mit zwei königlichen Akteuren in der Hauptrolle, die sich gegenseitig nicht ausstehen konnten, und ihrem gemeinsamen Sohn Alexander, der darunter zu leiden hatte.

Angefangen hatte alles, als die in Florenz geborene **Königin Natalija von Serbien** ihren Gatten **König Milan** verließ. „König Lustig des Balkans" nannte man ihn damals gern: ein trunk- und verschwendungssüchtiger Lebemann, der seiner Gattin, die anders geerdet war, mit der Zeit gewaltig auf die Nerven ging. Damit ihr Sohn nicht wie sein Vater werde, hatte Natalija im April 1887 mit ihrem Königsgemahl einen Ehevertrag geschlossen. Er sah vor, **Kronprinz Alexander** in einer ausgewählten Stadt Deutschlands erziehen zu lassen, die eine orthodoxe serbische oder russische Kirche besitzen sollte. Über Florenz und Wien reiste die Königin aus Serbien so nach Wiesbaden, wo sie mit dem kleinen Alexander schließlich in der Villa Clementine (16) Unterkunft fand.

Nur wenig später reichte König Milan die Scheidung ein. Davon aber wollte Natalija nichts wissen, deshalb verlangte der König, ihn als „Gatten und Vater" anzuerkennen. Zum Beweis sollte sie den Kronprinzen allein nach Belgrad zurückschicken. Weigere sie sich, werde er seinen Sohn mit Gewalt zurückholen. Gleichzeitig bemühte er sich über diplomatische Kanäle um die Auslieferung seines Sohnes, der sich Natalija aber immer widersetzte. Am Vorabend des 13. Juli 1888 schließlich begann der Showdown des Dramas. Wiesbadens Polizeipräsident besuchte die Königin, um ihr mitzuteilen, dass der zwölfjährige Alexander am nächsten Morgen um zehn Uhr abgeholt werde – „wenn nötig mit Gewalt". Im Taunusbahnhof um die Ecke warte bereits ein Salonwagen auf den Kronprinzen. Zuletzt hatte ihr auch Kaiser Wilhelm II. in einem persönlichen Telegramm empfohlen, ihren Sohn zurückzuschicken.

Nächsten Morgen umstellten Schutzleute und Geheimpolizisten den Stadtpalast. Gegen zehn Uhr begaben sich zwei hohe serbische Militärs, die von Milan zum Adjutanten des Kronprinzen bestimmt waren, in die Villa, in der wenig später auch Wiesbadens Polizeipräsident eintraf. Kurze Zeit später wurde der junge Kronprinz zum Taunusbahnhof gebracht, wo man seinen Salonwagen an einen fahrplanmäßigen Zug Richtung Belgrad anhängte. „Prinzenraub" titelten daraufhin die Zeitungen über den Polit-Skandal. Schon im Februar 1889 rief Milan seinen Sohn zum König von Serbien aus. Zu sagen aber hatte der Regent nichts, weil drei Aufpasser die Regierungsgeschäfte ganz in Milans Sinne weiterführten.

Seinem Vater übrigens stand Alexander in Sachen Frauengeschichten, Trunk- und Verschwendungssucht kaum nach. Im Sommer 1900 sorgte er für einen handfesten Skandal, als er die fast zehn Jahre ältere **Hofdame** seiner Mutter heiratete: Draga, eine mannstolle Frau. 1903 wurde das im Volk verhasste Paar ermordet. Natalija, Alexanders Mutter, konvertierte 1902 zum katholischen Glauben und ging nach dem Tod ihres Sohnes als Nonne ins Kloster. Einer ihrer Sinnsprüche lautete: „Bloß für sich zu besitzen ist nichts; aber auch für den Andern etwas zu erübrigen, das ist etwas und geradezu Alles!"

038wb Abb.: gs

⑯ Villa Clementine ★ [E4]

Die Villa Clementine in der Wilhelmstraße, benannt nach der Unternehmergattin Clementine Meyer, zeigt noch heute recht gut, wie der Geldadel im ausgehenden 19. Jahrhundert lebte. Der Prachtbau wurde 1882 vollendet und hat seitdem eine bewegte Geschichte hinter sich. Die bekannte Stadtvilla dient heute als literarisch-künstlerischer Treffpunkt.

Für den Mainzer Fabrikanten **Ernst Meyer** war der Bau der Villa die Verwirklichung eines Traumes. Wie viele reiche Unternehmer damals wollte er nicht nur ein Wohnhaus, sondern eine **prunkvolle Residenz**. Er beauftragte einen jungen Architekten aus Biebrich mit der Planung, dessen Vorbild der renommierte Architekt Gottfried Semper war, Planer unter anderem der Dresdner Oper und der Wiener Neuen Hofburg.

Die Villa Clementine, eines der schönsten Wiesbadener Stadthäuser, ist auch innen prächtig ausgestattet

Geld spielte beim Bau der Villa, die 1882 fertig wurde, kaum eine Rolle. So wurde das Treppenhaus des **klassizistischen Baus** mit schwarzen Marmorstufen ausgestattet, prächtige Stuckdecken zierten die Zimmer. Wintergärten und Terrassen kamen dem Geltungsbedürfnis des Bauherren ebenso entgegen wie die filigranen Geländer aus Eisenguss. Es gehört zur Ironie des Schicksals, dass die Hausherrin Clementine kurz vor Fertigstellung der Villa, die nach ihr benannt wurde, starb.

1888 geriet das Stadtpalais mit dem **„Wiesbadener Prinzenraub"** (s. S. 43) in die Schlagzeilen der Weltpresse. Wenige Jahre später wurde das Gebäude verkauft und fand im Folgenden immer neue Nutzer und Nutzungen – von der Bank bis zur Arztpraxis, vom Café bis zum Restaurant. 1960 übernahm die Stadt Wiesbaden die Villa Clementine, um sie abzureißen. Sie sollte durch einen an dieser Stelle geplanten U-Bahnhof ersetzt werden. Anfang der 1970er-Jahre aber wurden diese Pläne aufgegeben und die Villa gründlich renoviert. Frisch herausgeputzt diente sie dem Hessischen Rundfunk schließlich als Kulisse zur **Verfilmung der „Buddenbrooks"** von Thomas Mann. Heute wird die Villa Clementine als **Literaturhaus** für Diskussionen und Lesungen genutzt. Vom alten Glanz hat der Prachtbau übrigens nichts verloren: Sogar die Toiletten haben Stuckdecken!

› Frankfurter Straße 1/Ecke Wilhelmstraße, Haltestelle: Friedrichstraße/Dern'sches Gelände

Wiesbadens Norden

17 Bergkirchenviertel und Nerotal ★ [D1]

Aus der Innenstadt führt die breite **Taunusstraße** in das Nerotal. Galerien, Cafés, Restaurants, Boutiquen und kleine, inhabergeführte Läden bestimmen das Bild der Richtung Taunus führenden Straße. Rechts und links ist sie von **prächtigen Bürgerhäusern** gesäumt, Zeugen des Historismus, mit dem Wiesbaden touristisch punktet. Die Parallelstraße heißt **Nerostraße** – auch sie ist eine gelungene Mischung aus moderner Urbanität und Jugendstil-Architektur.

Weiter westlich steigt das Gelände an. Dort erhebt sich das **Bergkirchenviertel** mit der Bergkirche und ein paar einfachen Häusern aus dem 19. Jahrhundert. „**Katzelöcher**" hießen sie einst im Volksmund. Das im Krieg von größeren Schäden weitgehend verschonte Quartier verkam in den Wirtschaftswunderjahren. 84 Prozent der Wohnungen hatten keine Zentralheizung, 71 Prozent keine Toiletten, sodass die Stadtplaner das Viertel zum Slum erklärten. Ende der 1960er-Jahre sollten alle Häuser abgerissen und durch Neubauten ersetzt werden. Doch die Bürger wehrten sich dagegen und setzten ein umfangreiches **Sanierungsprogramm** durch, das erst Anfang des 21. Jahrhunderts ganz abgeschlossen wurde. Seitdem zeigt sich das Bergkirchenviertel als **gelungenes Beispiel großflächiger Stadt-**

Leichtweißhöhle

Im Sommer gehört die Leichtweißhöhle im Nerotal vor allem für Eltern mit Kindern zu den beliebten Ausflugszielen. Ihr Name erinnert an den Wilderer Heinrich Anton Leichtweiß. Eine Legende erzählt, dass die natürliche Höhle ihm Ende des 18. Jahrhunderts als Unterschlupf gedient haben soll. Beweise dafür gibt es nicht. 1856 jedenfalls entdeckte der Wiesbadener Verschönerungsverein die Höhle als Besucherattraktion für die zahlreicher werdenden Kurgäste. So wurde eine mit Moos ausgepolsterte und nur über eine Leiter zu erreichende Nische zu Leichtweißens Bett erklärt und die Räume wurden mit Bildern und Waffen dekoriert. Der Eingang zur Höhle und die nähere Umgebung wurden dem damaligen Zeitgeist entsprechend romantisch mit künstlichem Wasserfall, Holzbrücke, Geländern aus Astwerk und einem Aussichtstempel gestaltet. Eine Art „Disneyland en miniature", das 1905 sogar der Kaiser mit seiner Gattin besuchte.

„In dieser Felsenhöhle tief unter der Erde hat der berühmte und berüchtigte Heinrich Anton Leichtweiß, der verwegene Räuber und Wildschütz des Rheinlandes, gehaust. Noch heute strömen alle Fremden, welche den Kurort Wiesbaden besuchen, hinaus zur Leichtweißhöhle, zu der geheimnisvollsten **Räuberhöhle** der Welt", schrieb 1880 eine Leipziger Zeitung über das beliebte Ausflugsziel. Mit der Abnahme der Kurgäste verlor auch die Höhle aber an Bedeutung und verfiel mit der Zeit mehr und mehr. Erst in den 1980er-Jahren wurde die Anlage erneuert. Seitdem steht sie im Sommerhalbjahr wieder regelmäßig Besuchern offen.

★3 [dg] **Leichtweißhöhle,** Nerotal, Tel. 0611 54539, geöffnet 15. April–31. Oktober Mi. 10–14, So. 13–18 Uhr, Eintritt frei

sanierung. Ein Besuch hier ist jedem zu empfehlen, der sich für die einfache Architektur des 19. Jahrhunderts interessiert.

Ein ganz anderes Gesicht dagegen zeigt das **Nerotal.** Hier ballen sich die **Villen** der Stadt. Mehr als Tausend waren es, die das Bild der Stadt in der Kaiserzeit prägten. 900 sollen es noch immer sein, oft mehrstöckige Bürgerpaläste, deren Existenz Wiesbaden zum begehrten Wohnort macht. Das Nerotal wird vom Schwarzbach durchflossen, der auch die Teiche der großen **Parkanlagen** speist. Sie gehören zu den ältesten und populärsten in Hessens Hauptstadt und entstanden in den Jahren 1897/1898. Fünf- bis sechstausend Pflanzen wurden damals gesetzt, darunter viele Hundert verschiedene Bäume und Sträucher, sodass man den Park damals gern „Wiesbadens Botanischen Garten" nannte. Auch heute ist die Vielfalt der Bäume erstaunlich. Dort finden sich Exoten wie der Japanische Perlschnurbaum, die Chinesische Zaubernuss oder der Amerikanische Zürgelbaum.

Blickfang in der von Teichen und kleinen Brücken geprägten Parkanlage ist das 1909 geschaffene **Kriegerdenkmal** mit dem steinernen Reiter, das an die im Deutsch-Französischen Krieg 1870/71 gefallenen Nassauer Soldaten erinnert. Ein anderes Denkmal ist **Otto von Bismarck** gewidmet, dem ersten Reichskanzler, der ebenfalls gern in Wiesbaden zu Gast war. Am Ende der Parkanlage befindet sich die **Talstation der Nerobergbahn** ⓲. Der Weg führt weiter in den Landschaftspark Oberes Nerotal mit der legendären Leichtweißhöhle (siehe Exkurs S. 45).

› Haltestelle: Kriegerdenkmal oder Nerotal

⓲ Nerobergbahn ★★★ [dh]

Nostalgie pur! Mehr als 125 Jahre ist die Nerobergbahn alt, die Besucher auf Wiesbadens Hausberg bringt. Dreieinhalb Minuten braucht die Standseilbahn, um von der Tal- zur Bergstation auf 245 Meter Höhe zu gelangen. Geräuscharm und völlig schadstofffrei übrigens, denn die Nerobergbahn treibt Wasserkraft

065wb Abb.: gs

an. Mit rund 300.000 Fahrgästen im Jahr gehört das Bergbähnchen zu den wichtigsten Besucherattraktionen der Stadt.

Mit der Erfindung des Zahnstangenbetriebs war Ende des 19. Jh. der Weg für die Bergbahn frei. Im November 1886 erteilte die Stadt einem Baden-Badener Unternehmer die Erlaubnis für den Bau einer **„Drahtseil-Zahnstangen-Bahn"** auf den Neroberg, die im September 1888 schließlich in Betrieb ging. Sie war vor allem für die vielen Kurgäste gedacht, denen man im Sommer so den Aufstieg auf den Wiesbadener Hausberg erleichterte, denn die Nerobergbahn überwindet auf einer Länge von 438 Metern und einer durchschnittlichen Steigung von 19 % einen Höhenunterschied von 83 Metern.

Der Bau der Bahn war umstritten. Vor allem das **Viadukt** am Streckenanfang fand bei vielen Bürgern kein Gefallen. Auch Kaiser Wilhelm II. rügte nach einem Ausritt ins Nerotal das Bauwerk als Verschandelung der Landschaft. Zudem gerieten die **Baukosten** mit 222.352 Goldmark mehr als doppelt so hoch wie veranschlagt. Allen Unkenrufen zum Trotz gab es aber mit knapp 115.000 Fahrgästen schon im Eröffnungsjahr der Bahn einen ersten Besucherrekord.

1923 stellte man den Betrieb aus wirtschaftlichen Gründen ein, zwei Jahre später übernahm die Stadt das zuvor von einer Privatgesellschaft betriebene Bähnchen. **Nach dem Ende des Zweiten Weltkriegs** beschlagnahmten es die Amerikaner, die es erst 1948 wieder für allgemeine Fahrten freigaben. Seitdem wurden Schienen und Bahnen mehrmals saniert. Heute informiert ein kleines **Museum** im ehemaligen Toilettenhäuschen an der Talstation über die Geschichte der Nerobergbahn und ihre faszinierende **Antriebstechnik:** Die beiden Wagen der Bahn sind durch ein 452 Meter langes Stahlseil über eine Seilscheibe in der Bergstation miteinander verbunden. Bis zu 7000 Liter Wasser beschweren den zu Tal fahrenden Waggon, der den nach oben fahrenden Waggon mit einer Höchstgeschwindigkeit von 7,3 km/h nach oben zieht. Als Bremse dienen Zahnräder unter den Wagen, die in eine Zahnstange auf der Gleisanlage greifen.

Nach Ankunft entleert der unten angekommene Wagen seinen Ballast in ein großes Wasserreservoir. Von dort wird das Wasser mittels einer elektrischen Pumpe (bis 1916 noch mithilfe einer Dampfmaschine) wieder zur Bergstation befördert, wo das Wasser in einem unterirdischen Speicher gebunkert wird. Da es im **Winter** gefrieren kann, ruht in den kalten Monaten der Fahrbetrieb. Wie die meisten öffentlichen Verkehrsmittel ist übrigens auch die Nerobergbahn ein Zuschussbetrieb.

Heiraten in der Nerobergbahn

Im Sommer ist es möglich, in der Nerobergbahn den **Bund fürs Leben zu schließen.** Dazu wird einer der Waggons in ein Trauzimmer des Standesamtes verwandelt. Der „Hochzeitswagen" wird anschließend an einer besonders schönen Aussichtsstelle auf freier Strecke angehalten, da die nur dreieinhalb Minuten währende Fahrzeit für die Eheschließungszeremonie sonst zu kurz wäre. Dann liegt dem Brautpaar buchstäblich ganz Wiesbaden zu Füßen!

◁ Mit gut sieben Kilometer Höchstgeschwindigkeit geht es mit der Nerobergbahn auf Wiesbadens Hausberg

› Wilhelminenstraße 51, Haltestelle: Nerotal, Tel. 0611 45022550, www.nerobergbahn.de, Fahrzeiten: April–Okt. tgl. 10–19 Uhr, gewöhnlich alle 15 Minuten, keine Fahrradmitnahme, einfache Fahrt: 4 €, hin und zurück 5 €

⑲ Neroberg ★★★ [dg]

Der Neroberg ist Wiesbadens Hausberg und ein beliebtes Ausflugsziel nicht nur der Einheimischen. Die 245 Meter hohe Anhöhe im Norden der Stadt bietet eine Reihe unterhaltsamer Freizeitmöglichkeiten – vom Schwimmbad bis zum Klettergarten. Blickfang ist der 1851 errichtete sogenannte Monopteros, ein runder Aussichtstempel nach antikem Vorbild.

Mit dem römischen Kaiser Nero, so sei gleich gesagt, hat der Neroberg nichts zu tun. Sein **Name** erinnert vielmehr an das mittelalterliche Ersberg („Der hintere Berg"), aus dem der Neresberg und schließlich der heutige Neroberg wurde. Lange

082wb Abb.: as©Branko Srot

KURZ & KNAPP

Originalton

„Man bedarf in Wiesbaden nur einer Viertelstunde des Steigens, um in alle Herrlichkeiten der Welt zu blicken."
Johann Wolfgang von Goethe 1815 nach einem Spaziergang

Zeit wurde er wenig beachtet, auch wenn an seinem Südhang schon seit dem 16. Jahrhundert Wein angebaut wurde. Heute wird der gut vier Hektar große **Weinberg**, der Eigentum der Stadt ist, von den Hessischen Staatsweingütern bewirtschaftet. Der dort wachsende Riesling dient bei offiziellen Empfängen der Stadt als repräsentativer Hauswein – und auch als Souvenir ist der „Neroberger Riesling" geschätzt.

Mit dem Aufstieg Wiesbadens zur Weltkurstadt gewann auch der Neroberg an Bedeutung. Vor allem im Sommer boten seine **Wälder** schattige Plätze und die Wanderung auf den Hausberg gehörte zum Kurprogramm vieler Gäste. Damit sie sich wohlfühlen, legte Philipp Hoffmann, der Architekt der **Russisch-Orthodoxen Kirche** ⑳, Mitte des 19. Jahrhunderts auf dem Bergrücken einen kleinen **Erholungsparcours** an, dessen Zentrum der sogenannte **Monopteros** wurde: ein Rundtempel mit kräftigen Säulen, die vorher in der Wilhelmstraße kleine Öllämpchen getragen hatten. Von dem 1851 fertig gewordenen Aussichtstempel bietet sich ein einmaliger Blick auf die Stadt, der bei gutem Wetter bis Mainz ㊳ und in den Odenwald reicht.

Ein paar Schritte unterhalb des Monopteros liegt das 1934 erbaute

‹ *Der Monopteros auf dem Neroberg bietet einen schönen Blick auf die Stadt*

Opelbad. Es gilt wegen seiner Lage hoch über Wiesbaden und seiner am Bauhausstil orientierten Architektur als eines der schönsten Schwimmbäder Deutschlands und ist immer einen Besuch wert. Auf der anderen Seite des Aussichtstempels findet sich das Ausflugslokal „Der Turm". Früher stand dort ein Ende des 19. Jahrhunderts erbautes Hotel, das nach einem Großbrand 1989 aber abgerissen wurde.

„Erlebnismulde" nennt sich eine Art Amphitheater auf dem Bergrücken, das gelegentlich als Freilichtbühne genutzt wird. Einen faszinierenden Blick auf die Stadt erlaubt die große **Panoramaterrasse** oberhalb des städtischen Weinbergs. Sie wird von zwei großen Steinlöwen flankiert, die früher am Eingang zu einer Kaserne in der Schwalbacher Straße standen.

Auf dem Neroberg beginnt auch ein mehr als drei Kilometer langer, bergab führender **Walderlebnispfad.** Abenteuerlustige lockt zudem ein großer **Kletterwald** (s. S. 122) mit zahlreichen Parcours in unterschiedlichen Höhen und allen Schwierigkeitsgraden. Wer will, kann sich dort bei gutem Wetter von Baum zu Baum schwingen oder über Seilbrücken balancieren. Für die Allerjüngsten gibt es einen „Kinderjungleparcours".

› Haltestelle: Nerotal und weiter mit der Nerobergbahn 18

S4 [dh] **Opelbad Neroberg,** Auf dem Neroberg 2, Tel. 0611 17464990, www.mattiaqua.de/baeder/opelbad, Mai–September tgl. 7–20 Uhr (letzter Einlass 19 Uhr), Wassertemperatur 24 Grad, Eintritt Erwachsene 10 €, Kinder 4 €

20 Russisch-Orthodoxe Kirche ★★★ [dg]

Außer dem Kurhaus 11 ist die Russisch-Orthodoxe Kirche, noch immer gern „Griechische Kapelle" genannt, das Wahrzeichen Wiesbadens. Hoch über der Stadt gelegen, leuchten ihre vergoldeten Kuppeln vor allem im späten Sonnenlicht. Das Gotteshaus war Mitte des 19. Jahrhunderts als Grabeskirche für die russische Großfürstin Elisabeth Michailowna Romanowa gebaut worden, die erste Frau Herzog Adolfs von Nassau. Anlässlich des Besuchs des russischen Präsidenten Wladimir Putin im Jahr 2007 wurden die fünf Kirchendächer gereinigt und für fast eine halbe Million Euro neu vergoldet.

040wb Abb.: gs

› *Die Russisch-Orthodoxe Kirche gilt als ein Wahrzeichen Wiesbadens*

Zwei **Sondermarken der Deutschen Post** unterstreichen die Bedeutung der Russisch-Orthodoxen Kirche ebenso wie die touristischen Hinweisschilder auf den Autobahnen rings um Wiesbaden. Ohne Zweifel ist das im letzten Jahrzehnt innen und außen gründlich renovierte Gotteshaus **eine der schönsten Kirchen der Stadt** und ein Glaubenstempel von internationalem Rang. „Russisch-Orthodoxe Kirche der heiligen Elisabeth in Wiesbaden" heißt die Kirche offiziell. Viele ältere Bürger und Reiseführer aus dem letzten Jahrhundert aber nennen sie **„Griechische Kapelle"**. Das liegt daran, dass im 19. Jahrhundert alle orthodoxen Kirchen gewöhnlich als „griechisch" bezeichnet wurden.

Am Anfang ihrer Geschichte stand ein trauriger Anlass: der Tod der blutjungen Prinzessin **Elisabeth Michailowna Romanowa**, der Großfürstin von Russland und Herzogin von Nassau. 1844 hatte Herzog Adolf von Nassau, der spätere Großherzog von Luxemburg, den lebenslustigen Teenager in Sankt Petersburg geheiratet. Schon ein Jahr später aber starb die junge Mutter bei der Geburt ihres Kindes, das sie im Biebricher Schloss zur Welt gebracht hatte. Ein Tod, der ihren Gatten so schmerzte, dass er für seine verstorbene Frau schließlich eine **prunkvolle Grabeskirche** errichten ließ. Als Standort wählte er den Neroberg, den er von seiner Residenz im Biebricher Schloss aus sehen konnte. Die Baukosten wurden großteils vom russischen Zaren aus der Mitgift für seine Nichte bestritten.

Architekt des Gotteshauses war der nassauische Hofbaumeister **Philipp Hoffmann**, der für den Neubau eigens nach Russland reiste, um die dortige Kirchenbauweise zu studieren.

Im Mai 1855 wurde die Grabeskirche zu Ehren der heiligen Elisabeth, der Mutter Johannes des Täufers, geweiht – danach der Sarg mit der verstorbenen Herzogsgattin und ihrem Baby, das kurz nach ihr starb, in einer Prozession aus der Stadt in die neue Kirche überführt. In einem Grabmal aus Marmor, das die vier Kardinaltugenden und die zwölf Apostel zieren, ruhen die beiden dort auch heute noch.

Das Gotteshaus auf dem Neroberg ist eine **Kuppelkirche** aus feinkörnigem, weiß-grauen Sandstein mit ge-

Der Architekt Philipp Hoffmann

Mit dem Rheingauer Dom in Geisenheim schuf der junge Architekt Philipp Hoffmann (1806–1889) in seiner Geburtsstadt sein erstes Meisterstück. Anschließend arbeitete er im Auftrag Georg Mollers an der Gestaltung des Wiesbadener Stadtschlosses ❹. Moller hatte Hoffmann nach Pompeji geschickt, um dort römische Gemälde als Vorbild für die Innengestaltung des Stadtschlosses abzuzeichnen. So wurde schließlich auch Herzog Wilhelm auf den Architekten aufmerksam, der ihn 1850 zum herzoglich-nassauischen Hofbaumeister beförderte. In dieser Eigenschaft zeichnete er unter anderem für den Bau der Synagoge auf dem Michelsberg, den Monopteros auf dem Neroberg ⓳, die Bonifatiuskirche und das Waterloo-Denkmal auf dem Luisenplatz ㉕ mit verantwortlich – und natürlich für die Russisch-Orthodoxe Kirche ⓴, einem der Wahrzeichen Wiesbadens.

waltigen **Zwiebeltürmen**, die vergoldete russisch-orthodoxe Kreuze krönen. Alle stehen auf Rundtürmen, von denen der größte schmale Fenster hat, durch die etwas Licht ins Kircheninnere fällt. Die kleineren Türme ringsum sind nicht mit dem Innenraum verbunden.

Zwei Eingänge führen in das Gotteshaus. Der **Südeingang** mit Blick auf die Stadt war ursprünglich nur für die Fürsten gedacht und wurde nach dem Ende des Zarenreiches für immer geschlossen. Seitdem dient der **Westeingang**, der für das Volk bestimmt war, als Haupteingang. Über dem Eingang findet sich ein steinernes Medaillon der heiligen Helena, am geschlossenen Südeingang eines der Kirchenpatronin Elisabeth. An der Ostseite erinnert ein Bildnis an den Erzengel Michael. Helena, Elisabeth und Michael verweisen auf die **Schutzpatrone** der verstorbenen Herzogsgattin und ihrer Eltern.

Gegenüber dem Haupteingang fällt die **Ikonostase** ins Auge, eine Wand voller Heiligenbilder auf Goldgrund. Sie zeigen unter anderem Darstellungen der Erzengel Gabriel und Michael oder der Heiligen Nikolaus, Basilius, Georg und Konstantin. Ganz oben sind die Apostel Petrus und Paulus sowie die vier Evangelisten zu sehen. Alle Darstellungen stammen von dem russischen Hofmaler Carl Timoleon von Neff, einem der großen Ikonenmaler Russlands und Ehrenmitglied der Akademie der Schönen Künste in Florenz. Seine Heiligenporträts waren ebenso beliebt wie die von ihm geschaffenen biblischen oder mythologischen Szenen, die sich noch heute in zahlreichen orthodoxen Kirchen finden - unter anderem in St. Petersburg, Bad Ems, Darmstadt, London oder Nizza.

Besuchermagnet ist das in der nördlichen Nische gelegene **Grabmal** mit dem Sarkophag, geschaffen von dem Bildhauer Emil Alexander Hopfgarten. Es ist ein Prunkstück aus weißem Carrara-Marmor. Bedeckt mit einem Leichentuch ist dort die entschlafene Herzogin dargestellt, um den Kopf einen Kranz aus Rosen als Zeichen der Liebe: ein schönes Bild himmlischen Friedens. Die Verstorbene und ihre Tochter selbst sind in der darunter liegenden Krypta bestattet, wo sie in einem von einem Zinksarg umgebenen gläsernen Schrein ruhen. Hopfgarten entwarf übrigens auch die eindrucksvolle Figurengruppe um den Altar der Wiesbadener Marktkirche 5.

Die Russische Kirche in Wiesbaden, sollte jeder Besucher wissen, ist kein Museum, sondern eine lebendige Pfarrgemeinde der Russisch-Orthodoxen Kirche mit einigen Hundert Mitgliedern. Besonders beliebt sind ihre prunkvollen **Gottesdienste** zu Ostern und Weihnachten, die in Wiesbaden auch von Andersgläubigen gern besucht werden.

Im Schatten der Kirche liegt der inzwischen gründlich sanierte **Russische Friedhof**, einer der ältesten in Deutschland. Er wurde im Laufe der Zeit mehrmals erweitert, zuletzt in den 1970er-Jahren. Er birgt nicht nur zahlreiche Fürstengräber, sondern auch die letzte Ruhestätte des Malers Alexej von Jawlensky (siehe Exkurs S. 54).

› **Russisch-Orthodoxe Kirche Wiesbaden,** Christian-Spielmann-Weg 1, Tel. 01516 7851736, tgl. 10–16 (April bis 17, Mai-Okt. bis 18) Uhr, Eintritt 2 €, Haltestelle: Nerotal (weiter mit der Nerobergbahn). Keine Besichtigungsmöglichkeit während der Gottesdienste! Fotografieren und Filmen nicht gestattet.

Wiesbadens Süden und Westen

Wiesbadens **Hauptbahnhof** 23 liegt außerhalb der historischen Altstadt. Dort, wo einst die drei Vorgängerbahnhöfe standen, befinden sich heute das **Museum Wiesbaden** 21 und das **RheinMain CongressCenter** 22. Hinter dem Hauptbahnhof erstreckt sich Wiesbadens alternative Kulturmeile mit dem ehemaligen **Schlachthof**, der heute für Konzerte, Lesungen und Diskussionen genutzt wird (s. S. 92). Das **Deutsche Filmhaus** (Murnau-Filmtheater, s. S. 93) lockt zudem alle Cineasten. Westlich an den Bahnhof schließen das Einkaufszentrum **Lili** (s. S. 96) und das **Dichterviertel** 24 mit Landeshaus und Lutherkirche an. Vom Dichterviertel führt die verkehrsberuhigte Adolfsallee zur Rheinstraße, wo sich der **Luisenplatz** mit der mächtigen **Bonifatiuskirche** 25 und die **Landesbibliothek** 26 finden. Wer das multikulturelle Wiesbaden sucht, der sollte die Straßen des **Westends** 27 durchstreifen. Hier hat Wiesbaden ein ganz anderes Gesicht und so mancher wähnt sich in „Klein-Istanbul".

21 Museum Wiesbaden ★★★ [E5]

Wiesbadens größtes und mit fast 100.000 Besuchern jährlich auch meistbesuchtes Museum ist Ziel für Freunde alter und moderner Kunst, aber auch für Geschichtsbeflissene und an der Natur Interessierte. In dem stattlichen Bau zwischen Bahnhof und Innenstadt sind gleich zwei gewichtige Sammlungen vereint: eine große Kunstsammlung mit Schwerpunkt auf den beiden letzten Jahrhunderten und die Naturhistorische Sammlung mit rund einer Million Einzelobjekten. Einen Namen hat sich das Museum auch durch Wechselausstellungen gemacht, die bekannte und weniger bekannte Künstler immer wieder in den Blickpunkt der Öffentlichkeit rücken. Viel Wert legt man auch auf didaktische Arbeit, auf Themenführungen und spezielle Angebote für Kinder, die so schon früh für Kunst und Naturwissenschaften begeistert werden sollen. Zudem verfügt das Museum über ein Café mit feinen Kuchen und Torten.

Vor dem mächtigen Museumsbau gegenüber dem Kongresszentrum thront unübersehbar ein **Granitdenkmal Johann Wolfgang von Goethes** mit einem Adler unter dem Arm. 1992 verbannte der damalige Museumsdirektor das Denkmal in den Innenhof des Musentempels. Doch er hatte die Rechnung ohne die Wiesbadener gemacht, die ihren Goethe schmerzlich vermissten. Schließlich war es der Dichterfürst, der den befreundeten Frankfurter Schriftsteller und Diplomaten **Johann Isaac Freiherr von Gerning** überreden konnte, anno 1825 seine große Sammlung von Kunstwerken, zoologischen und botanischen Kostbarkeiten und sogenannten Altertümern gegen Zahlung einer Leibrente dem Herzogtum Nassau zur Verfügung zu stellen. In der Folge bildeten sich drei große Sammlungen, deren Träger der Verein für Nassauische Altertumskunde und Geschichtsforschung, der Nassauische Verein für Naturkunde und der Nassauische Kunstverein waren.

Nachdem die Sammlungen 1866 in preußischen Besitz gelangten, übernahm Wiesbaden zur Jahrhundertwende die Einrichtungen. Zur Präsentation der Kunstschätze ließ die Stadt schließlich den heutigen Musentempel bauen. 1915 wurde die Gemäldegalerie eröffnet, später folgten die übrigen Abteilungen. 1973 übergab die Stadt Wiesbaden das Museum dem Land Hessen.

Zwischen weißen Wänden finden sich heute die alten Sammlungen in neuem Glanz, technisch perfektioniert und thematisch zentriert. So zeigt das Museum im Südflügel **Alte Meister.** Die Werke aus dem 12. bis ins 19. Jahrhundert sind nicht chronologisch sortiert, sondern werden in thematischen Zusammenhängen präsentiert. Vorbei an einer modernen Rauminstallation des 1977 geborenen Künstlers Robert Seidell betritt der Besucher den sogenannten **Kirchensaal.** Einen achteckigen Raum, der neben mittelalterlichen Heiligenfiguren und Altar-Retabeln auch eine zeitgenössische Sphinx-Figur des japanischen Bildhauers Katsura Funakoshi bietet, die mit ihren hochglanzpolierten Marmoraugen fasziniert und zum kunstvollen Dialog zwischen Vergangenheit und Gegenwart anregt. Den Raum selbst bestimmt das sogenannte Walddorfer Kruzifix, ein gekreuzigter Jesus aus dem späten 12. Jahrhundert, das älteste gezeigte Stück der Kunstausstellung. Beachtenswert sind auch ein Flügelretabel aus dem frühen 16. Jahrhundert, eine thronende Madonna aus dem ersten Viertel des 13. Jahrhunderts, ein Gnadenstuhl aus der Zeit um 1500 und vier eindrucksvolle, farbige Reliefs mit Szenen aus der Kindheit Jesu, die aus der ersten Hälfte des 16. Jahrhunderts stammen. Statuen zeigen die populärsten Heiligen des Mittelalters wie Martin, Laurentius, Johannes den Täufer oder Sebastian, meist Kunst vom Mittelrhein, aus einer der ältesten deutschen Kulturlandschaften.

041wb Abb.: gs

Im anschließenden **Sakral-Raum** finden sich zum Teil großformatige Bilder mit ebenfalls religiösen Themen: Mariendarstellungen, aber auch Bilder mit der Heiligen Familie und beliebten Namenspatronen. Im folgenden Ausstellungsraum geht es um **Porträts,** der nächste ist ganz dem **Goldenen Zeitalter der Niederländischen Malerei** gewidmet. Landschaften von üppiger Fülle gibt es hier zu sehen und geselliges Leben im 17. Jahrhundert, z. B. eine Gruppe Karten spielender Männer, vor allem aber auch schöne Stillleben, die Fische, Blumen und Gemüse zeigen – detailreiche Bilder, die oft voller Symbole sind. Einblicke in die Welt der griechischen Mythen gibt der **Saal der Mythologie,** in dem sich unter ande-

Kostbarkeit im Musem Wiesbaden: ein sogenannter Gnadenstuhl (um 1500), Gottvater und Jesus

Alexey von Jawlensky: Wiesbadens großer Künstler

Der vermutlich 1864 in Russland als fünftes von sechs Kindern geborene Alexey von Jawlensky gehört zu den stilprägenden Künstlern des Expressionismus. Sein Berufsziel war eigentlich Offizier, aber schließlich war die Leidenschaft für die Malerei größer. Im Jahr 1896 zog er mit Marianne von Werefkin, einer wohlhabenden Baronesse, die von seinen Malkünsten überzeugt war, nach München. Dort entwickelte er – auch unter dem Einfluss der Bilder von Vincent van Gogh, dessen Werke er auf einer Parisreise kennengelernt hatte – seine Kunst weiter. Im Sommer 1908 kam es zur wegweisenden Zusammenarbeit mit Wassily Kandinsky. Der künstlerische Durchbruch war schließlich seine Hinwendung zur Künstlergruppe „Der Blaue Reiter", einer Interessenvertretung expressionistischer Maler. Nach Ausbruch des Ersten Weltkriegs emigrierte Jawlensky mit Marianne von Werefkin in die Schweiz.

1921 kam er im Rahmen einer Ausstellung des Nassauischen Kunstvereins nach Wiesbaden, wo er zwar kaum Bilder verkaufte, aber „sehr netten Menschen" begegnete, wie er in seinen Lebenserinnerungen schrieb. Die bewogen ihn schließlich, nach Wiesbaden zu ziehen, wo er sich von Marianne von Werefkin trennte und stattdessen deren Dienstmädchen Helene heiratete. Doch die Kunst führte ihn immer wieder mit neuen Frauen zusammen. Zum Beispiel mit Lisa, der Tochter des Wiesbadener Schreiner- und Glasermeisters Karl Gerhard Kümmel, die er Ende der 1920er-Jahre kennenlernte. Sie wurde seine wichtigste Stütze und kümmerte sich um die Vermarktung seiner Bilder, die sie eines Tages sogar in seinem Namen signierte. 1938 gab sie ihre eigene künstlerische Arbeit auf und kümmerte sich ganz um Jawlensky, den eine Gelenkentzündung schließlich zu einem Leben im Bett oder Rollstuhl zwang. Zuletzt konnte er den Pinsel nur noch

rem Arnold Böcklins „Magna Mater" findet, die Vorlage zum gleichnamigen Fresko im Treppenhaus des Basler Museums der Kulturen. Den Abschluss der Sammlung Alter Meister bilden ein Stockwerk tiefer zwei weitere Räume mit sehenswerten Stillleben und Landschaften.

Klassische Moderne heißt der zweite Ausstellungsschwerpunkt in Wiesbaden. Dazu gehört vor allem die Sammlung von **Expressionisten**, an ihrer Spitze eine große Schau der Gemälde und Zeichnungen Alexey von Jawlenskys (siehe oben). Mehr als hundert Werke des Künstlers sind heute im Besitz des Museums Wiesbaden. Wieder, muss man sagen, denn ein Großteil der einstigen Jawlensky-Sammlung wurde im Hitler-Reich aufgelöst, passten seine Gemälde doch nicht ins nationalsozialistische Kunstbild. Ein Großteil der Bilder entstammt dem Nachlass der Kunstsammlerin Hanna Bekker vom Rath, die dem Museum zudem auch eine Reihe weiterer expressionistischer Kunstwerke von Max Beckmann, Wassily Kandinsky, August Macke und Karl Schmidt-Rottluff als Dauerleihgabe vermachte.

Neben Jawlensky gehören zur Abteilung Klassische Moderne auch Werke von Ernst Barlach, Lovis Comit zwei Händen halten und ihn mit den Schultern bewegen. Lisa Kümmel wurde zur Krankenpflegerin und seiner wichtigsten Bezugsperson, die seine Lebenserinnerungen aufschrieb und ein erstes Werksverzeichnis anlegte. Jawlensky starb 1941 und fand auf dem Russischen Friedhof (s. S. 51) seine letzte Ruhe.

An die Bedeutung des großen Malers erinnert inzwischen der Alexey-von-Jawlensky-Preis, der alle fünf Jahre in Erinnerung an sein Lebenswerk vergeben wird. Er besteht aus einem Geldpreis, einer Ausstellung in Wiesbaden und dem Ankauf einer Arbeit. Zu den Preisträgern zählten bislang u. a. der amerikanische Maler Robert Mangold, die mehrfache documenta-Teilnehmerin Rebecca Horn sowie der Maler und Objektkünstler Frank Stella.

Das Museum Wiesbaden 21 zeigt Bilder aus fast allen Schaffensperioden Jawlenskys, Porträts und Landschaften, Gemälde und grafische Werke.

Träumen im „Roten Waggon“

Zu den interessantesten Werken des Konstruktivismus gehört die Rauminstallation „Roter Waggon“ des russischen Künstlers **Ilya Kabakov.** Sie besteht aus einem neun Meter langen Holzkasten, den man betreten kann. Vor dem Waggon findet sich ein riesiges Leiterkonstrukt, dahinter Trödel, Müll, Kartons und leere Kisten: das **Chaos.** Im Inneren erwartet den Besucher eine Art sowjetisches „Phantasialand“, gemalt auf einen Theaterprospekt. Der Betrachter kann sich auf eine Bank davor setzen und auf die niemals beginnende Vorstellung warten, musikalisch begleitet von melancholischen Sowjetliedern. Ein Kunsterlebnis für Auge und Ohr!

rinth, Lyonel Feininger, Ernst Ludwig Kirchner, Paula Modersohn-Becker, Otto Mueller, Emil Nolde, Max Beckmann, Wassily Kandinsky, August Macke und Karl Schmidt-Rottluff. Bekannte Namen allesamt, die der Kunstwelt ihren Stempel aufdrückten.

Ebenfalls zur Klassischen Moderne zählen die Werke einer Künstlergruppe, die dem **Konstruktivismus** zugerechnet werden. Typisch für diese Kunstrichtung ist ihr geometrisches Formenvokabular. Kein Wunder, dass die Architektur die ersten Konstruktivisten inspirierte. So soll für eine Reliefkonstruktion des russischen Künstlers Wladimir Tatlin erstmals der Name Konstruktivismus verwandt worden sein. Etwas vom Geist dieser Künstler, die meist auch politisch motiviert waren, macht die Rauminstallation **„Roter Waggon“** des russischen Künstlers Ilya Kabakov deutlich (s. oben). Wiesbaden nennt inzwischen rund 50.000 Zeichnungen, Studien, Skizzen, Fotos, Briefe und Gästebücher dieser Kunstströmung sein Eigen. Die große Anzahl von **Jugendstilarbeiten,** zu denen Gemälde ebenso gehören wie Konvolute aus Glas und Keramik, verdankt das Museum auch Schenkungen.

Besonders stolz ist das Museum auf seine **Kunst der Moderne und Gegenwart.** Georg Baselitz, Jörg Immendorf, Gerhard Richter, Wolf Vostell, um nur ein paar Namen aus der Sammlung zu nennen, stehen für die Nachkriegskunst. Ausführlich wird das Werk von Joseph Beuys dokumentiert, an den Plakate, Fotos, Manuskripte, Interview-Mitschriften und Überreste zahlreicher Kunstdemonstrationen auf der Straße oder im Saal erinnern. Eine von ihm präparierte Blue Jeans mit getrockneten Fischen aus dem Jahr 1970 hängt an der Wand, ein wenig weiter befindet sich in einem weißen Holzkasten eine Plastiktasche mit getrocknetem Hasenblut von 1971 – eines von vielen provokativen Kunstobjekten des Künstlers Beuys.

Mehr als eine Million Objekte umfassen die **naturhistorischen Sammlungen** des Museums, die zu den größten in Deutschland gehören. Sie zeigen sich im ersten und zweiten Geschoss des Nordflügels und bestehen aus einer geologischen, erdgeschichtlichen und mineralogischen Sammlung sowie einer großen Schau von Tieren und Pflanzen, zu denen fast 8000 Vögel, 3000 Säugetiere, 750.000 Insekten und über 65.000 Pflanzen gehören. Eine Fundgrube nicht nur für die Wissenschaft!

Präsentiert werden die Sammlungen unter dem Stichwort **„Ästhetik der Natur"**. Form, Farbe, Bewegung und Zeit sind die Kategorien, denen die Ausstellungsmacher ihre Objekte zugeordnet haben. Schwäne werden so im Flug gezeigt, Hammerhaie beim Schwimmen, Springböcke auf der Flucht vor einem Geparden. Die Evolution, also die Zeit, spiegelt sich in tierischen Teilen – vom Mammutkiefer bis zum Elefantenschädel samt Stoßzähnen. Stockente und Turmfalke, Uhu, Weißstorch und Mauersegler verraten, wer unter anderem die Lufthoheit bei uns hat.

Der Gang durch die großen Ausstellungssäle mit ihren Glasvitrinen wird so zu einer Wanderung des Staunens und Bewunderns. Farbenprächtig zeigt sich eine **Schmetterlingssammlung** aus dem frühen 18. Jahrhundert, der die **Käfersammlung** ein wenig weiter kaum nachsteht: Sie besteht aus Zehntausenden sorgsam präparierten Insekten. Wer für solch kleine Pretiosen ein Auge hat, kommt hier voll auf seine Kosten. Und auch die **Fossiliensammlung** kann begeistern. Zehntausende von Versteinerungen aus der Region führen den Betrachter in der Erdgeschichte zurück in die Zeit vor vielen Millionen Jahren, als das Rhein-Main-Gebiet noch ein großes Meer war.

Man sollte sich Zeit nehmen, um die Objekte zu betrachten und so seine Sinne für die Natur und ihre Vielfalt zu schärfen. Dazu dienen auch die Zeichenblöcke, die der Besucher im Museum findet. „Zeichnen erleichtert das Betrachten", meinen die Ausstellungsmacher, die Stift und Papier zur Verfügung stellen und die Besucher bitten, ihre Zeichnungen dem Museum zur Verfügung zu stellen. Vielleicht sind sie ja selbst mal Gegenstand einer großen Ausstellung!

› Friedrich-Ebert-Allee 2, Haltestelle: Rheinstraße/Rhein-Main-Hallen oder Wilhelmstraße, Tel. 0611 3352250, www.museum-wiesbaden.de, Di., Do. 10–20, Mi., Fr. 10–17, Sa., So. 10–18 Uhr. Der Eintritt in die Sammlungen kostet 6 €. Sonderausstellungen: 10 €. Jeden ersten Samstag im Monat ist der Eintritt frei. Über Führungen informiert die Website des Museums.

22 RheinMain CongressCenter und Umgebung ★★ [E5]

Das neue Tagungszentrum mit seinen Hallen ist der jüngste Stolz der hessischen Landeshauptstadt. Es sind die Nachfolgebauten der einstigen Rhein-Main-Halle, die über ein Dutzend Kongress- und Tagungssäle verfügte und viele Hundert Messen und Tagungen, zahllose Konzerte und Großveranstaltungen wie große Fernseh-Unterhaltungsshows oder Sportevents beherbergte. Die Anlage wurde 2014 komplett abgerissen.

Das 2018 in Betrieb genommene RheinMain CongressCenter ist eine Tagungs- und Veranstaltungseinrichtung mit 45 Hallen, Sälen und Studios, die zu den größten und modernsten im Rhein-Main-Gebiet zählen. 5000 Besucher haben in der größten Halle Platz, mehr als die zweifache Menge im ganzen Center, zu dem auch eine Parkgarage mit 800 Stellplätzen gehört. 17.700 m² misst das **Architekturensemble** aus Naturstein, Holz, Glas und Metall, das mit modernster Medien- und Veranstaltungstechnik ausgestattet ist.

Das CongressCenter liegt nur ein paar Schritte vom Hauptbahnhof entfernt und ist durch eine große **Grünanlage** vom Schienenanschluss separiert. Diese ist nach ihren Stiftern als **Reisinger- und Herbert-Anlage** benannt. Vor allem an warmen Tagen bietet sie Sonnenanbetern Platz und mancher hält hier auf dem Rasen sein Mittagsschläfchen. Zeitungsleser belagern die Bänke ebenso wie grübelnde Rentner und turtelnde Liebespaare.

Geschaffen wurde die Anlage mit ihren Rasenflächen, Brunnen und Wasserbecken in den 1930er-Jahren. Finanziert hatten sie die Stiftungen des Deutsch-Amerikaners **Hugo Reisinger,** der das Geld für die Brunnen gab, und die des Wiesbadener Ehrenbürgers **Adam Herbert,** der für die Gestaltung der Grünanlagen aufkam.

Am großen Wasserbecken ist **„Europa auf dem Stier“** der Blickfang. Ein Denkmal aus Muschelkalk, das die Geschichte des griechischen Gottes Zeus illustriert. Der hatte sich aus Liebe zur Königstochter Europa in einen Stier verwandelt und seine Geliebte dazu verführt, auf seinen Rücken zu steigen.

› **RheinMain CongressCenter,** Friedrich-Ebert-Allee 1, Tel. 0611 1729400, www.rmcc.de, Haltestelle: Hauptbahnhof oder Rheinstraße/Rhein-Main-Hallen

23 Hauptbahnhof ★★ [E7]

Der Wiesbadener Hauptbahnhof ist ein mächtiger **Kopfbahnhof** am Südrand der Innenstadt. Mit täglich mehr als 40.000 Reisenden zählt er zu den größten Bahnhöfen Hessens. Anfang des 20. Jahrhunderts errichtet sollte der **neobarocke Prachtbau** mit seinen **lichten Kuppeldächern** eine würdige Empfangshalle für den deut-

⌃ *Stolz der Landeshauptstadt: das neue RheinMain CongressCenter*

schen Kaiser sein, der zu seiner Kur in Wiesbaden gewöhnlich mit dem Zug reiste. Über 60 Millionen Euro wurden in den letzten Jahrzehnten in die gründliche Renovierung des Bahnhofs gesteckt, der sich längst wieder so präsentiert, wie es seine Planer ursprünglich gewollt hatten.

Mit dem neuen Bahnhof ersetzte Wiesbaden gleich drei andere Stationen. So hatten die Strecken nach Frankfurt (Taunusbahnhof), Niederlahnstein (Rheinbahnhof) und Niedernhausen (Ludwigsbahnhof) alle ihre eigenen, dicht beieinander liegenden Bahnhöfe. Um die neue Station möglichst nah an die Stadt zu rücken, entschied man sich für einen Kopfbahnhof – und auch für einen repräsentativen Prachtbau mit einem **eigenen Bahngleis für den Kaiser.**

Genau betrachtet besteht der Bahnhof aus fünf miteinander verbundenen Bahnsteigen mit einem beeindruckenden Dach aus Stahl und Glas. Blickfang ist der 40 m hohe **Uhrturm,** der in der Morgensonne fast wie ein Leuchtturm wirkt. Außen dominiert roter, innen gelber Sandstein, grüne Ziegel schmücken das Dach. Mehr als ein Dutzend Geschäfte stehen den Reisenden täglich bis mindestens 22 Uhr zu Diensten.

Der erste Zug erreichte im November 1906 den neuen Bahnhof, der Wiesbaden die Welt neu erschloss. Allerdings machen internationale Fernzüge heute nicht mehr in Wiesbaden, sondern in Frankfurt oder Mainz Station. Die Anbindung dorthin ist bestens und mit einer eigenen Trasse ist Wiesbaden längst auch an die rechtsrheinische Schnellbahnstrecke nach Köln angeschlossen, die Reisen in die rheinische Domstadt in einer guten Stunde möglich macht.

› Haltestelle: Hauptbahnhof

24 Dichterviertel mit Lutherkirche ★ [C7]

Westlich des Hauptbahnhofs 23 findet sich das sogenannte **Dichterviertel.** Dieses Etikett verdankt es den **Straßennamen,** denen Dichter wie Fontane, Frauenlob, Mörike, Wieland, Scheffel, Hauff, Hebbel, Kleist oder Eichendorff Pate standen. Die meisten Häuser im Quartier entstanden zur Wende vom 19. ins 20. Jh. im Stil des Historismus. Das Dichterviertel ist eine **gefragte Wohngegend,** was an den großzügig geschnittenen Wohnungen mit ihren meterhohen Stuckdecken und Flügeltüren liegt. Manche haben sogar bis zu 200 Quadratmeter Wohnfläche. Im Dichterviertel befindet sich auch die protestantische **Lutherkirche,** die zwischen 1908 und 1910 errichtet wurde. Mit 1200 Sitzplätzen ist sie eines der größten Gotteshäuser der Stadt und ein Gesamtkunstwerk im Jugendstil, das Freunden dieser Kunstrichtung immer neue Entdeckungen bietet – von der Wandvertäfelung bis zu den Fenstern. Nur ein paar Schritte neben dem Hauptbahnhof, am Kaiser-Friedrich-Ring 75, thront das **Landeshaus,** ein neobarocker Prachtbau. Anfang des 19. Jahrhunderts als Sitz des Kommunallandtags im Regierungsbezirk Wiesbaden erbaut, beherbergt er heute das Hessische Ministerium für Wirtschaft, Energie, Verkehr und Wohnen (HMWEVW). Blickfang sind seine Fassade aus rotem Mainsandstein und das breite Giebeldreieck mit einer allegorischen Figurengruppe, die das „Land Nassau" darstellen soll. Marmor- und Granitsäulen sowie Eichenholzvertäfelungen prägen innen den Bau, der leider nicht besichtigt werden kann.

› Haltestelle: Landeshaus

㉕ Luisenplatz mit Bonifatiuskirche ★★ [D4]

Klassizistische Bauten und Wiesbadens älteste Innenstadt-Kirche umgeben den Luisenplatz, unter dem sich heute eine große Tiefgarage findet. Der rechteckige Platz mit einem riesigen Obelisken als Blickfang wurde um 1830 als repräsentativer Stadteingang Richtung Süden angelegt. Heute ist das Areal, dessen Name an die erste Gemahlin Herzog Wilhelms von Nassau erinnert, einer der wichtigsten Busknotenpunkte Wiesbadens.

Ursprünglich sollte der Luisenplatz als Abschluss der Kirchgasse dienen, doch sein jetziger Standort passte den Stadtplanern besser ins Konzept. Die nämlich hatten damals an Stelle der heutigen Bonifatiuskirche den Bau des Stadtschlosses ins Auge gefasst, sich aber später für den Standort in der Altstadt entschieden. Jedem Besucher des Platzes fällt sofort der **„Waterloo-Obelisk"** ins Auge. Er erinnert an die 1815 in der Schlacht bei Waterloo im Kampf gegen Napoleon gefallenen nassauischen Soldaten und wurde 1865 zum 50. Jahrestag der Schlacht bei Waterloo aufgestellt. Auf das „1. Nassauische Artillerie-Regiment Nr. 27 Oranien", das in der Region stationiert war, verweist eine große **Bronzeplastik** aus dem Jahr 1934. Sie zeigt ein aufsteigendes Pferd, das damals das neu erwachte Nationalgefühl zum Ausdruck bringen sollte. Inschriften auf seinem Sandsteinsockel geben Kunde von den Gefechten und Schlachten des Regiments. Einen Blick verdient haben auch die klassizistischen Bauten im Westen und Osten des Luisenplatzes, die unter anderem das Hessische Kultusministerium beherbergen. Im Sommer locken die Terrassen von Cafés und Restaurants Sonnenhungrige und Städtebummler.

Im Norden ragt die **Bonifatiuskirche** mit ihren beiden 68 Meter hohen Türmen in die Höhe. Philipp Hoffmann, der auch die Russisch-Orthodoxe Kirche ⑳ auf dem Neroberg ⑲ plante, war ihr Baumeister. Die Bonifatiuskirche erinnert an die Geschichte der Christen in Wiesbaden, die ver-

042wb Abb.: gs

◘ *Mächtig sind die Türme der Bonifatiuskirche am Luisenplatz*

mutlich schon im frühen Mittelalter in der Stadt zu Füßen des Taunus Gottesdienste feierten. Anno 1284 ist ein Patrozinium zu Ehren des heiligen Mauritius erstmals urkundlich belegt. Die ihm geweihte Kirche wurde mehrmals umgebaut, ehe sie 1540 im Zug der Reformation den Lutheranern übergeben wurde. Katholische Gottesdienste waren in der Folge verboten, ehe sie ab 1791 hinter verschlossenen Türen im „Badhaus zum Adler“ wieder erlaubt waren. Erst im April des Jahres 1800 genehmigte man den Katholiken den Bau eines „Bethauses ohne Turm“, den man 1828 schließlich in Angriff nahm. 1831 aber fiel der für 2000 Besucher geplante Kirchenbau wegen gravierender Baumängel in sich zusammen. Eine Katastrophe! Erst gut zehn Jahre später begann man mit dem Neubau der Bonifatiuskirche, der 1849 vollendet war. 1863/64 wurden schließlich auch die beiden Türme fertig.

Vom Luisenplatz führen Adolfstraße und Adolfsallee zur **Biebricher Allee.** Auch wenn ihr die Weltläufigkeit der Wilhelmstraße fehlt, gehört sie zu den schönsten Nord-Süd-Achsen der Stadt. Sie zeigt sich heute verkehrsberuhigt und mit einem breiten grünen Mittelstreifen, der als Kinderspielplatz und Freizeitpark dient, eine Oase der Ruhe, die man Mitte der 1970er-Jahre plante, als man die um 1870 angelegte Hauptverkehrsachse in eine ruhige Wohnstraße umwandelte. In den noblen Wohnhäusern rechts und links haben heute Rechtsanwälte und Ärzte ihren Sitz, aber auch viele kleine Firmen, die repräsentative Adressen schätzen.

› Bonifatiuskirche, Luisenstr. 29, Tel. 0611 157537, www.bonifatius-wiesbaden.de, Haltestelle: Luisenplatz

26 Landesbibliothek Wiesbaden ★ [C4]

Eine **Skulptur Gutenbergs** steht vor dem Eingang der Landesbibliothek Wiesbaden, die Teil der Hochschul- und Landesbibliothek RheinMain ist. In ihrem Besitz befindlich sind **mehr als eine Million Bücher und andere Medien**, zu denen jährlich mehrere Tausend neue hinzukommen. Zu den Juwelen der Bibliothek zählen mehr als 300 Handschriften, unter anderem der sogenannte **„Riesencodex Hildegard von Bingens“**, der inzwischen auch digitalisiert wurde. Dazu kommen fast 450 Inkunabeln, knapp 7000 Autographen und viele Kostbarkeiten aus den Klöstern Eberbach und Schönau und den Regierungsbibliotheken im ehemaligen Herzogtum Nassau – Kostbarkeiten, deren Erhaltung sich das Land einiges kosten lässt.

Die Bibliothek wurzelt in der Büchersammlung der **Fürstin Charlotte Amalie von Nassau-Usingen** (1680–1738), die im Lauf der Säkularisation durch Neuerwerbungen aus aufgelassenen Klöstern und Kirchen kräftig anwuchs. Seit 1813 ist die Bibliothek öffentlich zugänglich, weshalb dieses Datum als Gründungsjahr der Landesbibliothek gilt. 1866 wurde die Bibliothek preußisch und erhielt den Namen „Königliche Bibliothek Wiesbaden“. 1913 fand sie schließlich in der Rheinstraße in einem **neoklassizistischen Prachtbau** ihr heutiges Domizil mit rund 20.000 m Regalfläche und einem mit Eichenholz vertäfelten Lesesaal. Während des Zweiten Weltkriegs wurden die wichtigsten Handschriften und Bücher nach Dresden ausgelagert, wo allerdings so manches Werk für immer verschwand.

Seit Kriegsende hat sich der Buchbestand der inzwischen als Hessische Landesbibliothek firmierenden Sammlung mehr als verdreifacht, sodass immer wieder Materialien ausgelagert werden müssen. Mehr als 100.000 Bücher und Handschriften entstammen der Zeit vor 1900. Groß ist auch die Sammlung regionaler Literatur, zu der eine sogenannte **Nassovica-Sammlung** mit gut 60.000 Titeln zählt, also Veröffentlichungen zur Geschichte des ehemaligen Herzogtums Nassau.

› Hochschul- und Landesbibliothek RheinMain, Rheinstraße 55–57, Haltestelle: Landesbibliothek, Tel. 0611 94951820, www.hs-rm.de. Mo.–Fr. 10–20, Sa. 10–16 Uhr

KURZ & KNAPP

Das Buch an der Kette

Hildegard von Bingens wichtigste Ideen und Gedanken enthält der sogenannte **„Riesencodex“**, der heute in der Landesbibliothek 26 aufbewahrt wird. Er ist sozusagen das Vermächtnis der weltberühmten Ordensfrau: ein 15 Kilo schweres Buch mit fast 500 Seiten. Unklar ist, ob der Codex noch zu Hildegards Lebzeiten (1098–1179) oder kurz danach entstanden ist. Sein Einband, zwei mit Schweinsleder überzogene Holzdeckel, wie auch die Kette, an der das Werk den ersten Lesern zur Verfügung stand, stammen wahrscheinlich erst aus dem 15. oder 16. Jahrhundert. Der Riesencodex wurde bis 1632 auf dem Binger Rupertsberg aufbewahrt, später im Kloster Eibingen. Nach der Säkularisierung gelangte das Werk schließlich nach Wiesbaden, wo es inzwischen auch digitalisiert wurde und nun für jedermann einsehbar ist.

› https://hlbrm.digitale-sammlungen.hebis.de

27 Westend ★ [A3]

Straßennamen wie Bleichstraße erinnern im Wiesbadener Westend noch daran, dass westlich der Schwalbacher Straße einst ein Wiesengelände war, auf dem Frauen Wäsche bleichten. Wäre es Mitte des 19. Jh. nach den Stadtplanern gegangen, hätte im Westend ein Villenviertel entstehen sollen. Der Bürgermeister aber wollte hier lieber Bauern Platz verschaffen, die nach seiner Meinung mit ihren Misthaufen das Bild der aufstrebenden Kurstadt trübten. Letztendlich siedelten sich im Westend **einfache Bürger** an: Handwerker, Gewerbetreibende und Dienstleistende.

Heute haben sich in der Gegend um den Platz der Deutschen Einheit vor allem **Studierende und Migranten** niedergelassen. Sie stellen den Großteil der Bevölkerung im Viertel, das relativ niedrige Mieten, viele Altbauten und kaum Grünflächen aufweist. Mit über 35 Prozent ist der Ausländeranteil im Westend besonders hoch. Vor allem Muslime prägen das Areal zwischen Wellritz- und Bleichstraße, wo sich Dönerbuden, Nagelstudios, türkische Supermärkte, Friseurläden, Änderungsschneidereien, winzige Handyläden und Reisebüros aneinanderreihen. Im Westend, das auch **„Klein Istanbul“** genannt wird, **pulsiert das Leben**: Hier hat die Stadt ein anderes Gesicht als rund ums Kurhaus – auch politisch. Im bis 2026 gewählten Ortsbeirat Westend bringen es Linke, SPD und Grüne zusammen auf über 80 % der Stimmen.

An der Kreuzung Bismarckring und Rheinstraße [A5] erhebt sich mit der weitgehend original erhaltenen **Ringkirche** eines der mächtigsten Gotteshäuser der Stadt. Architekt Johannes

MEIN TIPP

Sinnliche Erfahrungen: frauen museum wiesbaden

In einem Hinterhof mitten im Westend befindet sich das **frauen museum wiesbaden** (s. S. 83). Über eine alte Laderampe betritt der Besucher das Haus in der Wörthstraße. Zeit sollte er dabei mitbringen, denn das kleine „frauen museum" lebt in erster Linie von sinnlicher Wahrnehmung, von Stimmungen und Gefühlen, die eine kleine ständige Schau vermittelt. Göttinnen aller Art – von der Schlangen- bis zur Vogelgöttin – finden sich dort in kleinen Glasvitrinen neben Frauenfiguren von der Jungsteinzeit bis heute. Meist sind es Repliken aus aller Welt, die von mächtigen Kulturen zeugen – von Leben und Tod, Erneuerung und Vergänglichkeit. Mehr noch als die ständige Ausstellung überzeugen die mehrmals jährlich wechselnden **Sonderschauen, Tagungen** und **Veranstaltungen,** die Einblick in das weibliche Schaffen, meist jenseits des Mainstream, geben. Wer sich für solche Sinnenwelten aus weiblicher Perspektive interessiert, ist im frauen museum gut aufgehoben – das können und dürfen übrigens auch Männer sein.

Otzen, der vorher schon die Wiesbadener Bergkirche gebaut hatte, verwirklichte ein neues Kirchenbaukonzept. Es markierte die Abkehr vom traditionellen Kirchenbau – langgestreckt mit separatem Chor – zu einer eher quadratischen oder runden Form, in der die Gemeinde näher zusammenrückt. Im Stil rheinischer Spätromantik schuf Otzen einen quadratischen Kirchenraum mit riesigem Sternengewölbe, der gut 1000 Gläubigen Platz bietet.

› Haltestelle: Platz der Deutschen Einheit oder Ringkirche

Außerhalb des Stadtzentrums

28 Biebrich ★ [dk]

Mit knapp 39.000 Einwohnern ist Biebrich der größte Stadtteil Wiesbadens. Das anno 874 erstmals erwähnte Dorf am Rhein war lange Zeit Sommerresidenz der Fürsten und Herzöge von Nassau, die mit dem **Biebricher Schloss** 29 einen Prachtbau schufen, der heute zu den wichtigsten Sehenswürdigkeiten der Stadt zählt. Schokoladenseite des Städtchens ist das **Rheinufer**, wo auch die Schiffe der Köln-Düsseldorfer (s. S. 129) festmachen.

Ende des 19. Jh. waren Biebrich und das benachbarte Amöneburg neben Höchst am Main der angeblich wichtigste Industriestandort in der Rhein-Main-Region. 1858 hatte Heinrich Albert eine Fabrik zur Herstellung künstlichen Düngers gegründet, aus der die Chemischen Werke Albert hervorgingen. 1863 errichtete Wilhelm Kalle eine kleine Farbenfirma, aus der schließlich ein Weltkonzern mit über 1500 Beschäftigten werden sollte. So stammen heute die meisten der in der Welt genutzten künstlichen Wurstpellen aus Wiesbaden.

1997 entstand der **Industriepark Kalle-Albert**, ein riesiges Industriegelände, auf dem rund 80 Gesellschaften mit über 5000 Beschäftigten meist chemische Produkte herstellen. Ebenfalls ein Weltkonzern ist die Baustofffirma **Dyckerhoff** im mit Biebrich verbundenen Amöneburg. Sie wurde 1864 gegründet und trägt mit ihren Markenprodukten Wiesbadens Namen in alle Welt. Schon 1884 lieferte Dyckerhoff achttausend Fässer mit Portlandzement für das Fundament

Die Henkells: Vom Weinhändler zum Weltmarktführer

1832 gründete Adam Henkell in Mainz eine kleine Weinhandlung. Rund ein Vierteljahrhundert später begann er mit der Produktion von Sekt, doch erst seinem Enkel Otto gelang schließlich 1894 mit **„Henkell Trocken“**, einem Cuvee aus Weinen des Jahrgangs 1892, der Durchbruch. Es war das erste Markenprodukt, mit dem Henkell schließlich zum Marktführer der Sektbranche wurde. Mit dem Erfolg brauchte man Platz. Also siedelte der Betrieb Anfang des 20. Jh. nach Biebrich in einen klassizistischen Neubau mit prachtvollem Marmorsaal als Empfangshalle und einem gewaltigen Walmdach aus Glas und Kupfer um, in das Henkellsfeld, das im Volksmund meist nur **Sektschloss** genannt wird. 1935 brachte Henkell & Co den **„Pikkolo“** unter das Volk und sicherte sich so seinen wirtschaftlichen Rang.

Nach dem Zweiten Weltkrieg wurde das teilweise zerstörte Firmengebäude rasch wieder aufgebaut und die Firma konsolidiert. Die **Wirtschaftswunderjahre** mit der neuen Lust am Leben beflügelten den Sektabsatz. Immer neue Marken kamen hinzu, bis Henkell und die Firma Söhnlein 1987 unter dem Dach der Oetker-Gruppe fusionierten. 2018 übernahm Henkell die Mehrheit am spanischen Schaumweinhersteller Freixenet. Heute ist die Sektkellerei in Biebrich die Zentrale der Firmenallianz **Henkell Freixenet** mit Tochterunternehmen in über 30 Ländern und nach eigenen Angaben mit einem Jahresumsatz von mehr als einer Milliarde Euro der größte Schaumweinhersteller der Welt.

Seit 1928 bietet Henkell in Biebrich **Betriebsführungen** an. Zu sehen sind dabei vor allem die sich über sieben Stockwerke erstreckenden Keller, in denen die Weine in 200.000 Liter großen Fässern bis zu ihrer Weiterverarbeitung lagern. Es gibt verschiedene Führungen mit Sektproben, über deren Zeiten und Preise die Website informiert (www.henkell-freixenet.com/de/touren-events/touren.html).

★5 [ej] **Henkell Freixenet Shop**
Biebricher Allee 142, Tel. 0611 630, www.henkell-freixenet.com, Mo.–Fr. 10–19, Sa. 10–18 Uhr, Haltestelle: Landesdenkmal, Mindestteilnehmerzahl 5 Personen (Einzelpersonen können sich Gruppen anschließen), Kosten: 8 € inklusive Sektprobe

der New Yorker Freiheitsstatue und bewies so seine internationale Markenqualität. Dies gilt übrigens auch für die Sektfabrik **Henkell**, die sich Anfang des 20. Jahrhunderts in Biebrich ansiedelte und heute zu den weltgrößten Schaumweinfabrikanten gehört.

Die vielen industriellen Arbeitsplätze prägen bis heute das kleine, **multikulturelle Städtchen**, dessen berühmteste Söhne der Musiker Paul Kuhn, der Fußballer Jürgen Grabowski und der Regisseur Volker Schlöndorff sind. Die kulturelle Vielfalt des Stadtteils spiegelt sich auch in den **Kirchen** Biebrichs. So gibt es neben einer katholischen und einer evangelischen Kirche auch eine Moschee und ein orthodoxes Gotteshaus. Touristisches Kapital Biebrichs sind sein Rheinufer und das am Fluss gelegene Biebricher Schloss (29).

› Haltestelle: Robert-Krekel-Anlage, Biebrich Zentrum

29 Biebricher Schloss ★★★ [dk]

Das Biebricher Schloss, die barocke Residenz der einstigen Landesfürsten, ist Wiesbadens eindrucksvollstes Schmuckstück am Rhein. Eingebettet zwischen einem wunderschönen Park und dem Fluss ist es jährlich zu Pfingsten stattliche Kulisse eines internationalen Reitturniers. Rotunde, Galerien und Pavillons dienen der Hessischen Landesregierung heute als repräsentativer Ort für große Empfänge. Außerdem sind im Schloss das Landesamt für Denkmalpflege und die Deutsche Film- und Medienbewertung (FBW) untergebracht. Die große Terrasse zum Rhein hin ist im Sommer bewirtschaftet, sodass man vor barocker Kulisse trefflich tafeln kann.

Anfangs war das Schloss am Rhein nur eine Sommerresidenz, ein kleines Haus für den nassauischen Landesfürsten und seine Gemahlin. Im Lauf der Jahre allerdings wurde der Bau immer größer. So entstand in der ersten Hälfte des 18. Jahrhunderts ein **barockes Lustschloss**, ein Ort für große Empfänge, rauschende Feste und Feiern, ein „Versailles am Rhein“, dessen **dreiflügliger Bau** Mitte des 18. Jahrhunderts vollendet war. 1744 verlegte der nassauische Fürst Karl seinen Regierungssitz von Usingen nach Biebrich, das von da an bis zur Fertigstellung des Stadtschlosses 4 zur Residenz der nassauischen Fürsten und Herzöge wurde.

Besonderen Wert legten die Nutzer des Schlosses auf den **Park**, der ursprünglich nach dem Vorbild französischer Landschaftsgärten als Lustgarten angelegt worden war – mit einem kleinen Irrgarten und einem barocken Heckentheater. Später wurde der Park erweitert und im englischen Landschaftsstil erneuert. Eine wohl im 13. Jahrhundert errichtete Wasserburg, die **Mosburg**, wurde als Wohnstätte in das riesige Parkgelände integriert und diente dem Schlossherrn als Rückzugsraum.

1848 wurde das große **Gewächshaus mit Wintergarten** fertig, eine Gruppe von Pflanzenschauhäusern aus Eisen und Glas, die im Sommer gegen Eintrittsgeld besichtigt werden konnten. Groß war der Besucheransturm, noch größer die Reputation des Hauses unter Botanikern, sodass die Gewächshäuser immer mehr wurden. „Biebrichs Gärten“, notierte das Deutsche Magazin für Garten- und Blumenkunde 1861, „sind ein Juwel der Nassauer; ja der deutschen Lande, und wird einst dessen kunstsinniger Herzog Hand an ein Palmenhaus legen lassen, so wird es den würdigen Schlußstein der dortigen Schöpfungen bilden, und die Gärten werden die reichsten des Continents sein.“ Nach der Auflösung des Herzogtums Nassau verwilderte die Anlage jedoch

Schloss Biebrich: Baugeschichte in Jahreszahlen

- **um 1700:** Bau zweier Gartenpavillons
- **ab 1707:** Verbindung der Pavillons
- **1708:** Anlage des Schlossgartens als barocker Park
- **1737:** Vollendung des Ostflügels
- **1744:** Vollendung des Westflügels
- **ab 1817:** Umgestaltung des Parks zum Landschaftsgarten
- **1934:** Verkauf des Schlosses an Preußen
- **1945:** Zerstörung des Ostflügels durch Brand
- **1981:** Wiederaufbau des Ostflügels

043wb Abb.: gs

und der entmachtete Landesherr verkaufte seine Gewächshäuser 1868 samt Pflanzen nach Frankfurt, wo sie zum Grundstock des neuen Palmengartens wurden.

Mit dem Ende des Herzogtums war auch das Schicksal des Schlosses besiegelt, in das der im Wiener Exil lebende Herzog, der weiter Besitzer des Hauses blieb, kaum noch Geld steckte. Schließlich wurde ein Großteil seiner Inneneinrichtung verkauft und nur noch das Nötigste repariert. 1934 veräußerte eine Enkelin Herzog Adolfs das Biebricher Schloss an den preußischen Staat, der es renovieren wollte. Doch der **Zweite Weltkrieg** machte alle Pläne zunichte. Der Ostflügel wurde nach Bombenangriffen komplett zerstört, der Rest war kaum noch zu nutzen. Nur die Ansiedlung der **Freiwilligen Selbstkontrolle der Filmwirtschaft (FSK)**, die hier lange ihren Sitz hatte, verhinderte den völligen Zerfall des Schlosses. Teilweise war die Anlage so heruntergekommen, dass man sie als „Rattenburg am Rhein" verspottete.

Das Schloss Biebrich ist ein barockes Juwel

Die Wende kam in den 1960er-Jahren, als der neue Eigentümer, das Bundesland Hessen, das einstige Barock-Juwel langsam wieder aufmöbelte. Als Erstes den Westflügel, den schließlich das **Hessische Landesamt für Denkmalpflege** bezog. Anfang der 1980er-Jahre wurde der Ostflügel in symmetrischer Angleichung an den Westflügel historisierend wieder aufgebaut und die Innenräume sorgfältig restauriert. Seitdem haben dort **Behörden** wie die Landesarchäologen eine neue Heimat gefunden.

Rotunde und Galerien dienen der Landesregierung als **repräsentative Stätte für Staatsempfänge** und andere Veranstaltungen. Die Kuppel des Schlosses ist innen mit antiken Götterfiguren bemalt. Oben auf der Rotunde stehen ebenfalls **Statuen antiker Götter** – unter anderem Mi-

KURZ & KNAPP

Wagners Meistersinger

In einer noch heute bestehenden Villa in Biebrich unweit des Rheinufers schrieb **Richard Wagner** im Jahr 1862 Teile seiner Oper **„Die Meistersinger von Nürnberg“**. Im obersten Stockwerk komponierte er täglich acht bis zehn Stunden. Als Arbeitsgrundlage diente ihm zeitweise ein Werk aus der Wiesbadener Landesbibliothek, das 1697 erschienene „Buch von der Meistersinger Holdseligen Kunst“. Weil der Hund seines Vermieters ihm in die rechte Hand biss, war Wagner allerdings lange Zeit zum Müßiggang gezwungen. Die so gewonnene Zeit soll er zu Ausflügen mit Freunden und Bekannten in den Rheingau genutzt haben, wo Johannesberger Wein manch unfreiwillig freien Arbeitstag verschönerte.

nerva, Mars, Venus, Merkur, Jupiter, Juno, Apoll und Diana. Die ehemalige Kapelle im Untergeschoss der Rotunde dient inzwischen als **Café und Restaurant**, das seine Gäste im Sommer auch auf der großen Außenterrasse des Schlosses bewirtet. Es ist einer der schönsten Plätze in Wiesbaden, um den Sonnenuntergang zu erleben. Beliebt ist der Platz auch bei Hochzeitsgesellschaften, denn man kann im Schloss inzwischen auch standesamtlich heiraten.

Leider ist das Schloss nur einmal monatlich im Rahmen von **Führungen** zu besichtigen. Dafür aber steht der **Schlosspark** Besuchern das ganze Jahr über offen: eine großzügige Grünanlage mit kleinen Hügeln, Weihern und der Mosburg. Der Park mit seinen rund 3000 Bäumen übte schon immer eine fast magische Wirkung auf Besucher aus. „Der Garten“, schrieb der junge Dichter Clemens von Brentano anno 1805 nach seinem Besuch, „ist wie eine wunderschöne spanische Prinzessin, welche schwärmerische Augen hat und ihrem Bräutigam, der ebenso ist, aber heimlich liebt, diplomatisch vorgestellt wird“.

Die Verwaltung der Staatlichen Schlösser und Gärten Hessens hat sich bemüht, den Schlosspark im alten Stil wieder herzurichten. So wurde der sogenannte **Pomologische Garten** (Obstgarten) von einst wieder hergestellt. Und auch die **Orangerie** aus der Mitte des 19. Jahrhunderts glänzt längst wieder als Unterstellplatz für die frostempfindlichen Kübelpflanzen des Parks, der übrigens nicht nur wegen seines Pflanzenreichtums bekannt ist. Seit mehreren Jahrzehnten bevölkern ihn auch mehrere Hundert Halsband- und Alexandersittiche: **grüne Papageien**, denen die Kälte wenig anhaben kann und die in den großen Platanen des Parks gern brüten.

Hochbetrieb herrscht jährlich zu Pfingsten im Schlossgarten, wenn sich zum **internationalen Reitturnier** Pferdesportliebhaber aus aller Herren Länder treffen. Im Olympiajahr 1952 fand das erste Turnier statt, bei dem seither die Weltelite der Spring- und Dressurreiter zusammenkommt. Josef Neckermann mit seinem Pferd Antoinette schrieb ebenso Turniergeschichte wie Hans Günter Winkler mit der legendären Halla oder Liselott Linsenhoff mit Piaff.

› **Schloss Biebrich**, Rheingaustr. 140, Führungen vom Verschönerungs- und Verkehrsverein Biebrich gewöhnlich einmal monatlich (Auskunft unter www.vvb-biebrich.de und Tel. 0611 806823), Treffpunkt an der Rotunde, 4 €.

› Restaurant **Schlossküche im Biebricher Schloss** €€-€€€, www.schlosskueche-biebrich.de, Tel 0611 72474777, tgl. ab 11 Uhr

30 Schierstein ★ [ck]

Nur wenige Minuten Bus- oder Autofahrt südwestlich der Wiesbadener Innenstadt liegt Schierstein mit seinem großen **Hafen** und der lang gestreckten **Uferpromenade,** die im Volksmund **„Schiersteiner Riviera“** genannt wird. Hier liegt auch die „Tamara“ vor Anker, ein kleines Ausflugsschiff, das in der warmen Jahreszeit die **Rettbergsaue** ansteuert, eine Insel zur Naherholung mit zwei kleinen Campingplätzen.

Als wichtige Zukunftsinvestition war der Bau des Hafens Mitte des 19. Jahrhunderts gedacht. Heute spielt er für Segler, Jachtkapitäne und Wassersportler eine große Rolle. Wer will, kann sich hier Tretboote, Jetskis oder gleich einen Katamaran für den Rheinausflug mieten. Für Stand-up-Paddler gibt es Boards und Kurse für Anfänger (s. r.). Außerdem gilt Schierstein als eines der Zentren des deutschen **Drachenbootsports.** Beim **Schiersteiner Hafenfest,** einem der größten Volksfeste der Region, messen die Drachenbootfahrer ihr Können.

An die **römische Vergangenheit der Stadt** erinnert die Nachbildung einer **Jupitersäule** an der Uferpromenade. Das Original stammt aus dem Jahr 221 und wurde 1888 in Schierstein gefunden. Der 1859 angelegte **Hafen** sollte einst die Wirtschaft beleben. Stattdessen aber nutzten ihn vor allem Fischer und Flößer als Umschlagplatz, die hier Hölzer aus dem Spessart und Schwarzwald mit Stämmen aus dem Taunus zusammenfügten und weiter Richtung Holland schickten. Bundeswehr und US-Armee waren nach dem Zweiten Weltkrieg die wichtigsten Nutznießer des Hafens, dessen Einfahrt eine große Brücke überspannt. Sie macht vor allem im Sommer lange Uferspaziergänge oder Fahrradtouren möglich. In Ufernähe wurden inzwischen auch wieder Weißstörche angesiedelt, die sich hier gut beobachten lassen.

› Haltestelle: Hafen

S7 [ck] **Bootsverleih HAI Charter,** Hafenstr. 15, www.hai-charter.de, Tel. 0152 56857697

MEIN TIPP

Schwimmendes Restaurant

Arche Noah heißt das **Restaurant-Schiff** mit seiner Freiluftterrasse, die im Sommer sehr gefragt ist. Serviert wird einfache und meist rustikale Hausmannskost, doch zur Arche Noah kommt man nicht hauptsächlich, weil man Hunger oder Durst hat, sondern weil man so schön am Wasser sitzt.

6 [ck] **Arche Noah** €-€€, Hafenstr. 2, Tel. 0611 21754, www.arche-noah-restaurant.de, April–Sept. tgl. 11–23, Okt.–März Di.–So. 11–22 Uhr

Die Arche Noah Wiesbadens

067wb Abb.: gs

31 Mainz-Kastel ★ [Umgebung]

Gegenüber der rheinland-pfälzischen Landeshauptstadt liegt der verwaltungstechnisch zu Wiesbaden gehörende **Vorort Mainz-Kastel.** Kastel und Mainz verbindet die 1885 geschaffene **Theodor-Heuss-Brücke,** eine klassische Bogenbrücke und bis zum Bau der beiden Autobahnbrücken im Norden und Süden von Mainz auch lange Zeit die einzige Straßenverbindung zwischen Mainz und Wiesbaden. Ihr Architekt war Friedrich von Thiersch, der auch das Wiesbadener Kurhaus 11 geplant hatte.

Finanziert wurde der Rheinübergang mit einem **Brückengeld.** So musste anfangs jeder Fußgänger für die Nutzung der Brücke 4 Pfennig zahlen, 5 Pfennig jeder Fahrgast der Pferdebahn. Im März 1945 sprengten deutsche Pioniere das Bauwerk. Doch schon 1950 war der neue Übergang fertig, den der damalige Bundespräsident Theodor Heuss einweihte. Seitdem trägt das rund 500 Meter lange Bauwerk seinen Namen. In den 1990er-Jahren wurde die Brücke für fast 140 Millionen Mark generalsaniert, alle Stahlbögen wurden ausgetauscht und die Fahrbahnplatten erneuert.

Prunkstück Kastels ist der schöne **Strand,** der im Sommer Mittelmeerfeeling aufkommen lässt. Bei gutem Wetter trifft sich hier dann der Jetset aus Frankfurt und Wiesbaden mit dem Mainzer Feiervolk. Am Kasteler Ufer, gleich oberhalb der Rheinbrücke, ankert auch vermutlich Deutschlands einziges Schiff, das behördlich als „Gebäude mit besonderer Bauart" registriert ist: die **Pieter van Aemstel.** Lange Zeit war der Dreimaster als Heringsfänger in der Nordsee im Einsatz, ehe ihn seine holländischen Eigner Mitte der 1980er-Jahre als Restaurantschiff nach Deutschland schafften.

Seit einigen Jahren kommen in Kastel zudem **Graffiti-Freunde** auf ihre Kosten. Rund um den **Hochkreisel** finden sich viele Dutzend große und kleine Wandgemälde, die dort im Rahmen des Sprayer-Festivals **„Meeting of Styles"** entstehen. Fantastische Bilderwelten beleben so das Jahr über Hauswände und Unterführungen und machen Kastel zur größten Graffiti-Galerie im Rhein-Main-Gebiet. Sie bietet sehenswerte Kunst, die rund um die Uhr zu besichtigen ist – zum Nulltarif!

Am Rhein entlang führt ein bequemer Weg zur Main-Mündung bei Kostheim und weiter am Main entlang Richtung Frankfurt. Er überquert die **Maaraue,** die zu Pfingsten anno 1184 Schauplatz eines der größten mittelalterlichen Feste war. Damals kamen Zehntausende von Rittern samt Gefolge auf den Rheinwiesen zusammen, um mit **Kaiser Friedrich Barbarossa** die Schwertleite, den Ritterschlag seiner beiden Söhne Friedrich und Heinrich, zu feiern. Ein Gedenkstein inmitten der Maaraue erinnert heute an das Event von damals.

› Haltestelle: Kastel Brückenkopf oder Bahnhof Kastel

32 Frauenstein ★ [ai]

Frauenstein ist sicher einer der schönsten Vororte Wiesbadens. Ein Straßendorf im Südwesten der hessischen Hauptstadt, das sich in ein langes Tal vom Taunus Richtung Rhein zwängt. **„Tor zum Rheingau"** nennt sich Frauenstein deshalb selbstbewusst. Besonders schön ist es hier im Frühjahr, wenn Tausende von **Kirsch-**

Rieslingsuppe neben Wildgerichten

Wer den Rheingau schon in Wiesbaden schmecken will: Im **Weinhaus Sinz** (s. S. 89) ist dazu immer Gelegenheit. „Rheingauer Rieslingsuppe mit Kräuterkrusteln" gehört zu den Ganzjahres-Spezialitäten. Im Herbst sind Wildhasenrücken, Hirschmedaillon oder Rehbraten gefragt, deren Fleisch der Jagd in Frauensteins Umgebung entstammt. Marktfrische Gänse kommen ab dem Martinstag auf die Speisekarte. Regionale Küche ist das, die fast immer in großen und kleinen Portionen serviert wird. Spätburgunder und St. Laurent, die vor der Haustür reifen, verwöhnen die Rotweinfreunde. Autofahrern sei der „Rote Spritzer" ans Herz gelegt, ein mit Wasser und Zitrone gespritzter roter Traubensaft.

bäumen in der Blüte stehen. Aber auch der Herbst hat seine schönen Zeiten, wenn die Frauensteiner in ihren **Weinbergen** die Ernte einbringen.

Wahrzeichen ist die **Burg**, die den Ort wie ein Leuchtturm überragt. Sie wurde im Jahr 1182 von den Herren von Schierstein errichtet, die sich von da an „von Frauenstein" nannten. 1319 übernahm das Erzbistum Mainz das Anwesen von den verarmten Burgherren, das in der Folgezeit immer mal wieder zerstört und wieder aufgebaut wurde, schließlich aber immer mehr verfiel. Es war deshalb ein Glücksfall, als der Burgverein Frauenstein das Anwesen 1996 kaufte und sanierte. Die Burg ist gewöhnlich von Ostern bis Ende Oktober sonntags von 15 bis 17 Uhr zu besichtigen (www.burgverein-frauenstein.de).

Ein weiteres Wahrzeichen ist der sogenannte **Goethestein**, ein haushohes, aus Natursteinen zusammengefügtes Denkmal in einem kleinen Wäldchen oberhalb Frauensteins. Es erinnert an Johann Wolfgang von Goethe, der hier 1815 geologische Studien betrieb. Der Blick von oben auf den Rhein, Rheinhessen und die am Fluss liegenden Vororte Wiesbadens ist einmalig. Am Goethestein führt auch der am Biebricher Schloss 29 beginnende **Rheinsteig** entlang, einer der schönsten und populärsten deutschen Wanderwege.

› Haltestelle: Wiesbaden-Frauenstein Burg

33 Schloss Freudenberg ★★ [bi]

Schloss Freudenberg ist ein Gesamtkunstwerk für Kinder und Erwachsene, eine einmalige Erlebnislandschaft vor den Toren der Stadt. Kein Museum, sondern ein Reich zur Schärfung der Sinne, ein Platz für individuelles Kunst- und Kulturerleben. Wanderungen durch die Natur werden ebenso angeboten wie Konzerte, Theater, Filme, Lesungen und Diskussionen.

Schloss Freudenberg, Anfang des letztes Jahrhunderts im Stadtteil Dotzheim erbaut, ist kein richtiges Schloss, sondern die **Parkvilla** eines malenden Paares, das aber 1908 schon wieder auszog. Im Ersten Weltkrieg nutzten Offiziere der französischen Armee den Palast als Kasino. Danach war Schloss Freudenberg Gästehaus, Kinder- oder Mütterheim. Nach dem Zweiten Weltkrieg nahmen amerikanische Offiziere das Anwesen erneut als Kasino in Beschlag. Mitte der 1970er-Jahre war das inzwischen heruntergewirtschaftete Gebäude für einige Jahre Sitz einer Pfingstgemeinde. Danach kaufte es die Stadt Wiesbaden.

Nach zehnjährigem Leerstand war es 1993 deshalb ein Glücksfall, als

die **Gesellschaft Natur & Kunst gemeinnütziger e.V.** Schloss Freudenberg bezog. Eine Gruppe von Künstlern, Handwerkern und Pädagogen, die Schloss und Park in ein „Erfahrungsfeld der Sinne und des Denkens" verwandelten, ein experimentelles und kreatives Labor. Ihr geistiger Ziehvater war der in Essen geborene Künstler und Pädagoge **Hugo Kükelhaus** (1890–1984) – ein gelernter Tischler, der an den Universitäten Heidelberg, Münster und Königsberg studierte und mit seinen Kreationen die Möglichkeit zu neuen Erfahrungen der Sinne schuf. „Erfahren hat mit Fahren zu tun", schrieb er einmal. „Hier liegt die Hürde. Wir sind seit Jahrhunderten darin geübt, die Erfahrung durch die Kenntnis zu ersetzen. Und leben in einer Ersatzwelt. In der nichts anderes ersetzt wird, als das Leben selbst, eben: die Erfahrung."

Besucher können auf Schloss Freudenberg die Welt auch tastend erobern. Möglich machen das eine **DunkelBar**, in der sehbehinderte und blinde Mitarbeiter arbeiten. Sie servieren Tee und Kaffee, vor allem aber auch ganze Menüs aus biologisch angebauten Lebensmitteln. Beim **„NachtMahl"** ist es stockdunkel, der Gast riecht und schmeckt sein Mahl nur.

Herzstück der Anlage sind aber die vielen **sinnlichen Erfahrungsfelder zur Entfaltung des Denkens.** An mehr als 100 Stationen werden den Besuchern spielerisch Naturphänomene wie Gleichgewicht, Schwerkraft, Licht und Finsternis, Klang und Resonanz nahe gebracht. Dazu gehört auch ein **Barfußweg** durch den Parkwald, der den Tastsinn der Fußsohlen anregen soll. Windharfe, Summstein, Kräutergarten und verschiedene Schaukeln ermöglichen wieder andere Erfahrungen.

„Botanisches Theater" heißt eine der **Führungen für Kinder** im Schlossgarten, die zeigt, wofür Pflanzen gut sind und was man mit ihnen alles machen kann. Ein kleines Wasserwerk im Garten zeigt, wie man Wasser stauen und umleiten kann – ein herrliches Planscherlebnis für die Kleinen! Ebenfalls für Kinder gedacht ist eine Führung, bei der es gilt, mit natürlichen Materialien Feuer zu machen – so wie die Vorfahren des Menschen vor Millionen von Jahren.

So durchweht Schloss Freudenberg der Geist von Rudolf Steiner, Maria Montessori oder Joseph Beuys – von Männern und Frauen, die es gewohnt

Die Welt entdecken – auf Schloss Freudenberg werden die Sinne spielerisch geschärft

Das Wellritztal wurde renaturiert

waren, weiter als andere zu denken und die den **verantwortungsvollen Umgang mit der Natur** lehrten.

› **Schloss Freudenberg,** Freudenbergstraße 224–226, Tel. 0611 4110141, www.schlossfreudenberg.de, Tagesgäste Fr.–So. 11–18 Uhr, über die Zeiten für Führungen und Veranstaltungen informiert die Website, Eintritt Schlossgarten 10 €

34 Wellritztal ★ [ch]

Ein gelungenes Beispiel für den **Rückbau ehemaliger Industrieflächen zu naturnahen Lebensräumen** bildet das Wellritztal mit dem Wellritzbach. Früher floss er meist in starren Betonröhren, jetzt ist er wieder frei. Das Tal beginnt unterhalb der Klostermühle in Klarenthal und verläuft entlang der Klarenthaler Straße bis zum Kurt-Schuhmacher-Ring. Einst wurden die Wiesen am Flusslauf zum Bleichen der Wäsche genutzt. Im frühen 20. Jahrhundert wurden dann aus den Wiesen Gärten, die Baumschulen und Gärtnereien kommerziell nutzten. Den Bach zwängte man deshalb Anfang der 1950er-Jahre in eine Betonröhre, was zur Verwahrlosung der Landschaft beitrug und vielen Pflanzen und Tieren ihren Lebensraum nahm. Immer wieder wurde das Tal zudem als Müllhalde missbraucht.

Deshalb hatte sich die Stadt im neuen Jahrtausend entschlossen, das Wellritztal zu renaturieren und die alten Biotope wieder neu zu erschließen. Dies auch deshalb, weil das Tal eine der wichtigsten Frischluftachsen Wiesbadens markiert und zu den grünen Lungen der Stadt gehört. Das Wasser, eines der prägenden Elemente der Stadt, ist jetzt erneut sichtbar. Für Erholungssuchende und Spaziergänger ist das

070wb Abb.: gs

Tal so wieder zur empfehlenswerten Adresse geworden.

Die wichtigste Lehre der Renaturierung aber ist: Alles ist im Fluss. Das heißt, nach Hochwassern kann die Landschaft schnell ihr Gesicht verändern – und mit ihr die Vegetation, was die Artenvielfalt aber nicht schmälern muss. Deshalb hat man die neue Uferbepflanzung sich selbst überlassen.

35 Tier- und Pflanzenpark Fasanerie ★★ [bg]

Braunbären neben **Wölfen** – in Wiesbadens Fasanerie kann man Tieren in naturnaher Umgebung zusehen. Mit rund 250.000 Besuchern jährlich zählt der Park vor den Toren der Stadt zu den populärsten Ausflugszielen. Vor allem Familien mit Kindern fühlen sich hier das ganze Jahr über wohl, denn neben zahlreichen Tiergehegen gibt es auch einen großen **Abenteuerspielplatz.** An Sommerwochenenden oder Festtagen wie Ostern oder Pfingsten ist die Fasanerie, zu der auch ein Restaurant gehört, allerdings manchmal überlaufen.

Der knapp 25 ha große Park liegt im Nordwesten weit außerhalb der Stadt. **Gut 40 Tierarten** sind auf dem weitläufigen Gelände am Taunusrand heimisch – vom Wisent bis zum Dachs, vom Fuchs bis zum Mäusebussard, rund 200 Tiere insgesamt. Ein **Baumlehrpfad** informiert über heimische und exotische Sträucher und Bäume. So findet man in dem Park u. a. Kaukasustannen und nordamerikanische Mammutbäume. Für die jüngsten Parkbesucher gibt es ein großes **Streichelgehege** und zahlreiche Spielgeräte. Wer Lust hat, kann den Tieren auch bei der täglichen Fütterung zuschauen.

Das **Jagdschloss Fasanerie** wurde 1749 errichtet. Die umliegenden Wälder und Wiesen dienten den Herrschaften damals als Jagdrevier. Lange Zeit wurden hier, wie der Schlossname nahelegt, Fasanen aufgezogen. Aber auch als Baumschule wurde das Gelände zeitweise genutzt. 1912 ging die Fasanerie von der königlich-preußischen Forstverwaltung in das Eigentum der Stadt Wiesbaden über, die den Tierpark samt Hofgut heute betreut und finanziert. Im Sommer lockt ein großer **Biergarten,** den Rest des Jahres ein **Restaurant mit Wintergarten.** Ein Stadtbus fährt übrigens bis vor die Eingangstore und der Eintritt ist frei, was vor allem Familien mit Kindern freuen dürfte.

› Wilfried-Ries-Str. 22, Haltestelle: Tierpark Fasanerie, Tel. 0611 4090770, https://fasanerie.net, Öffnungszeiten: tgl. 9–17 Uhr (April–Oktober bis 18 Uhr). Hunde sind im Tierpark leider nicht erlaubt. Biergarten und Restaurant haben montags Ruhetag.

36 Jagdschloss Platte ★ [Umgebung]

An der Bundesstraße 417 Richtung Taunusstein, gut zehn Autominuten von der Wiesbadener Innenstadt entfernt, befindet sich auf einer Bergkuppe das Jagdschloss Platte. Schon im 18. Jahrhundert gingen hier die nassauischen Herzöge auf die Jagd. Die Landesherren liebten das Areal hoch über der Stadt, von dem sie einen schönen Blick auf Wiesbaden hatten. 1823 bis 1826 entstand schließlich das Jagdschloss Platte, ein repräsentativer Bau **im Stil der Renaissance.** Zaren und Kaiserinnen waren dort zu Gast – und natürlich die Schickeria des Herzogtums. Bei einem Luftangriff Ende des Zweiten Weltkriegs wurde das Gebäude allerdings fast völlig zerstört. Übrig blieb eine einsturzgefährdete Ruine, die jahrelang kaum Beachtung fand. Erst nach Gründung der **Stiftung Jagdschloss Platte e. V.** begann man damit, die Ruine zu sichern und langsam als **Hochzeits- oder Party-Location** nutzbar zu machen.

Im Jahr 2003 wurde die historische Ruine mit einem **modernen Glasdach** überspannt, welches die verbliebene historische Bausubstanz in Form einer umgekehrten Pyramide betont. Auch das alte **Treppenhaus** von 1826, eine Rotunde mit gegenseitig verlaufendem Treppenpaar, wurde originalgetreu wiederhergestellt. Seitdem ist das Jagdschloss ein gefragter Veranstaltungsort, Rahmen für Firmen- und Familienfeste, Tagungen oder Präsentationen – ein Ort zum Feiern für bis zu 600 Personen. Biker, Wanderer, Spaziergänger und im Winter auch Langläufer fühlen sich in den umliegenden **Wäldern** gut aufgehoben – alle anderen verwöhnt der das ganze Jahr über geöffnete

Gasthof mit Backhähnchen, Wiener Kalbsschnitzel, Hirschrücken oder Flammkuchen.

› **Gasthof Jagdschloss Platte,** Jagdschloss Platte, Haltestelle: Wiesbaden Platte, Tel. 0611 181180, www.jagdschloss-platte.de, Mi.-So. 12-22 Uhr.

37 Sonnenberg mit Burg ★ [eg]

Bereits zur Wende vom 19. in das 20. Jahrhundert war Sonnenberg durch den Bau neuer Villen entlang des Kurparks und der weiterführenden Straßen mit Wiesbaden so gut wie zusammengewachsen. Allerdings dauerte es bis 1926, ehe der Ort offiziell **eingemeindet** wurde. Schon früh war Sonnenberg für viele Kurgäste ein bevorzugtes Ausflugsziel, war es doch aus Wiesbaden ein bequemer Spaziergang dorthin. Heute hat das ehemalige Dörfchen die höchste Kaufkraft der Stadt. Hoch über dem Tal wohnen viele Millionäre in stattlichen Villen, sodass die Gegend bei den Einheimischen **„Millionärshügel"** heißt.

Seinen Namen verdankt der Stadtteil der **Burg Sonnenberg,** die im Mittelalter das zum Haus Nassau gehörende Wiesbaden vor den angriffslustigen Herren von Eppstein schützen sollte. Ende des 13. Jh. wurde die Burg weiter ausgebaut, nachdem Adolf von Nassau zum römisch-deutschen König gekrönt wurde. Wenig später verlieh Kaiser Karl IV. Sonnenberg die Stadtrechte, worauf der Bau einer Stadtmauer folgte.

Immer wieder wurde die Burg im Lauf ihrer Geschichte zerstört, zuletzt im Dreißigjährigen Krieg. Danach diente die Ruine den Einheimischen als Steinbruch für den Wiederaufbau der Häuser im Tal. Inzwischen hat man die Burg aufwendig saniert und das **Burgrestaurant** mit seiner großen Terrasse gehört im Sommer zu den beliebten Ausflugszielen.

Ein Burgherr war es, der 1429 im Tal den Bau der **Kapelle St. Maria** finanzierte. Die anfangs katholische Kapelle wurde ab 1529 auch von den Protestanten genutzt, die später dort die alleinigen Herren waren. 1890 nahmen Sonnenbergs Katholiken die **Herz-Jesu-Kirche** „in Betrieb", die innen mit neugotischen Malereien, farbigen Glasfenstern und einer goldenen Ikone sowie einer Pietà aus dem 19. Jahrhundert aufwartet. Bekanntester Bürger Sonnenbergs war **Konrad Duden** (1829–1911), der in dem Wiesbadener Vorort seinen Lebensabend verbrachte. Eine Gedenktafel an seinem Haus in der Kaiser-Friedrich-Straße erinnert noch heute an den populären Sprachwissenschaftler.

› Haltestelle: Hofgartenplatz

Supermarkt der Zukunft

Im Vorort Erbenheim betreibt REWE den ersten **Green-Farming-Supermarkt** Deutschlands. Auf dem Dach des rund 1500 Quadratmeter großen Ladenlokals wachsen rund 18.000 Töpfe Basilikum. In 13 Fischbecken werden zudem jährlich ca. 20.000 Barsche gezüchtet. Pflanzen und Tiere teilen sich den Wasser- und Nährstoffkreislauf. So werden die Ausscheidungen der Fische dazu genutzt, die Pflanzen zu düngen. Das von den Pflanzen gereinigte Wasser fließt dann wieder zu den Fischen zurück. Auch architektonisch macht das Projekt Eindruck. Säulen aus gestapelten Hölzern bilden die Tragwerkskonstruktion der Dachfarm, die die Optik des Supermarkts prägen.

8 **REWE Supermarkt**, Berliner Str. 207-211, Mo.-Sa. 7-21.30 Uhr

Entdeckungen im Umland

38 Mainz ★★★ [Umgebung]

Nur 15 Minuten Zugfahrt oder ein gutes halbes Stündchen mit dem Bus ist es vom Wiesbadener Hauptbahnhof in die **Nachbarmetropole** *Mainz, also von der hessischen in die rheinland-pfälzische Landeshauptstadt. Dort lohnen sich ein gemütlicher Bummel durch die sehenswerte Altstadt und im Sommer auch ein Spaziergang am Rhein entlang, der Mainzer Schokoladenseite. Zudem locken viele interessante Museen, allen voran das Gutenbergmuseum gleich neben dem Dom. Wer am Wochenende Zeit und Lust hat: Manchmal gibt es erstklassigen Bundesligafußball in der Wiesbadener Nachbarschaft, wenn der FSV Mainz 05 in der Mewa-Arena kickt, und sonntagmorgens lädt der ZDF-Fernsehgarten im Sommer zu ein paar gemütlichen Stunden mit kleinen und großen Stars.*

Mainz ist eine ausgesprochene Fußgängerstadt. Am besten startet man seinen **Rundgang** am **Dom** (Verlauf s. Karte Seite 76). Von hier geht es zunächst in die Altstadt, vorbei an Johanniskirche, Leichhof und Kirschgarten, wo die umliegenden Gassen zum Bummeln laden. An Augustiner- und Ignazkirche vorbei gelangt man zum **Museum für Antike Schiffahrt.** Von dort führt der Weg leicht bergauf zur **Zitadelle** mit dem **römischen Drususstein.** Ein paar hundert Meter weiter steht die **Stephanskirche** mit den weltberühmten Chagall-Fenstern. Dort sollte man unbedingt auch einen Blick in den gotischen Kreuzgang werfen, den schönsten in Mainz. Die **Gaustraße** mit ihren Bistros, Cafés, Restaurants und kleinen Geschäften führt bergab zum **Schillerplatz** mit dem Fastnachtsbrunnen und schönen Barockpalästen.

Den Dom vor Augen leitet die breite Ludwigstraße zum **Gutenbergplatz** mit Stadttheater und Gutenberg-Denkmal. Vorbei an der Alten Universität und der ältesten Mainzer Kirche Sankt Quintin erreicht der Stadtbummler Gutenbergs Taufkirche **Sankt Christoph,** die als Ruine heute an Krieg und Leid mahnt. In Sichtweite befindet sich die **Karmeliterkirche,** eine viel zu wenig beachtete Schönheit.

Ein wenig weiter findet sich der Platz der Republik und der Mainz-Besucher ist mitten im sogenannten **Regierungsviertel.** Hier haben die meisten rheinland-pfälzischen Ministerien, das Parlament und die Regierung ihren Sitz und hier steht auch die **römische Jupitersäule** – allerdings nur in Form einer Kopie: Das Original hat sein Zuhause ein paar Schritte weiter im **Landesmuseum Mainz,** das einige der wichtigsten Mainzer

MEIN TIPP

Weinhaus Wilhelmi – eine Mainzer Institution

Treffpunkt vieler Mainzer ist eine kleine Weinstube im Schatten des Rathauses. Gut zwei Dutzend offene Weine sind im Angebot – und traditionelle Mainzer Spezialitäten wie Spunde- oder Handkäs'. Besonders empfehlenswert ist das Rumpsteak mit „Zwiwwele", das mit Bratkartoffeln oder Brot auf den Tisch kommt.

9 [S. 76] **Weinhaus Wilhelmi** €€, Rheinstr. 53, Tel. 06131 224949, www.weinhaus-wilhelmi.de, tgl. 17–24 Uhr

046wb Abb.: gs

Kunstschätze beherbergt. Einen Abstecher ist **Sankt Peter** wert, die sicherlich schönste Mainzer Barockkirche. Am **Kurfürstlichen Schloss** vorbei geht es zur **Rheinuferpromenade**, die am Hilton-Hotel und Rathaus entlang zum Fischtorplatz führt. Jetzt sieht man bereits wieder den Dom. Kurz vor dem Ziel locken das **Gutenberg-Museum** mit den weltberühmten Bibeln und sein Druckladen zur Stippvisite. Krönung aber sollte für jeden Mainz-Besucher ein **Dombesuch** sein, schließlich ist er das Wahrzeichen der Stadt.

› Am schnellsten ist man mit dem Zug in Mainz. Da aber die Bahnhöfe in Wiesbaden und Mainz nicht in der Stadtmitte liegen, ist man mit dem Bus oft besser dran. So verbindet die Buslinie 6 beide Innenstädte und man muss nicht umsteigen (Fahrpreis: 2,90 €).

10 [S. 76] **Gutenberg-Museum,** Liebfrauenstr. 5, Tel. 06131 122640, www.mainz.de/microsite/gutenberg-museum, Di.-Sa. 9-17, So. 11-17 Uhr, Eintritt 5 €

11 [S. 76] **Landesmuseum Mainz,** Große Bleiche 49-51, Tel. 06131 2857210, www.landesmuseum-mainz.de, Di. 10-20, Mi.-So. 10-17 Uhr, 6 €

12 [S. 76] **Museum für Antike Schiffahrt,** Neutorstr. 2b, Tel. 06131 2866316, www.rgzm.de, Sept.-April Di.-So. 10-18, Mai-Aug. Di.-So. 9-17 Uhr, Eintritt frei

Auf dem Marktplatz zu Füßen des Doms pulsiert das Mainzer Leben

Mainz, Zentrum
1 cm = 90 m
0
200 m
© Reise Know-How 2022
Kurfürstliches Schloss und Römisch-Germanisches Zentralmuseum
Ernst-Ludwig-Platz
Pl. d. Mainzer Republik
Peterskirche
Peters-platz
Landesmus. Mainz
Naturhist. Museum
Hindenburg-platz
Gartenfeld-platz
St. Bonifaz
Anna-Seghers-Platz
Stadthaus
Bahnhof-platz
Hauptbahnhof
Alicen-platz
Münster-platz
Erthaler Hof
Neubrunnen-platz
Balthasar-Maler-Pl.
Antoniter-kapelle
Römer-passage
Isis-tempel
Kardinal-Volk-Pl.
Philipp-von-Zabern-Pl.
St. Emmeran
Triton-platz
Kleines Haus
Kloster
Schönborner Hof
Romano-Guardini-Pl.
Alt-münster-kirche
Unter-haus
Schiller-platz
Bassenheimer Hof
Osteiner Hof
Älterer Dalberger Hof
Ball-platz
Willigis-platz
Stefans-platz
Stephans-kirche
Kupferberg
Bastei
Augustus-platz
Kaiserstr.
Parcusstr.
Alicenstr.
Augustusstr.
Binger Str.
Bahnhofstr.
Große Bleiche
Mittlere Bleiche
Hintere Bleiche
Große Langgasse
Schillerstr.
Ludwigsstr.
Weißliliengasse
Eisgrubweg
Am Römerlager
Römerwall
Germanikusstr.
Kästrich
Große Weißgasse
Am Gautor
Am Pulverturm
Stadthausstr.
Flachsmarktstr.
Große Bleiche
Bauhofstr.
Kaiserstr.
Friedrichstr.
Boppstr.
Frauenlobstr.
Leibnizstr.
Kurfürstenstr.
Gartenfeldstr.
Adamstr.
Karillonstr.
Schießgartenstr.
Heidelbergerfaßgasse
Neubrunnenstr.
Zanggasse
Gärtnergasse
Schottstr.
Bonifaziusstr.
Rhabanusstr.
Erthalstr.
Münsterstr.
Bilhildisstr.
Neue Universitätsstr.
Münsterstr.
Walpodenstr.
Terrassenstr.
Kupferbergterrasse
Emmerichstr.
Josefstr.
Ackerstr.
Breidenbacherstr.
Mathildenstr.
Drususstr.
Trajanstr.
Martinsstr.
Bastion Martin
Gaustr.
Ölgasse
Stefansberg
Stefansstr.
Am Schottenhof
Kleine Weißgasse
Willigisstr.
Maria-Ward-Str.
Pfaffeng.
Dominikanerstr.
Vord. Präsenzgasse
Fuststr.
Betzelsstr.
Gymnasiumstr.
Franziskanerstr.
Emmeransstr.
Kronberger Hof
Welschnonnengasse
Pfandhausstr.
Steingasse
Umbach
Kleine Langgasse
Spritzengasse
Kötherhofstr.
Inselstr.
Lotharstr.
Klarastr.
Adolf-Kolping-Str.
Synagogenstr.
Vordere
Löwenhofstr.
Margaretengasse
Pumpengäss.
Ottiliengasse
Petersstr.
Stiftsstr.
Hintere Bleiche
Mittlere Bleiche
Balthasar-Maler-G.

Schlosstor
Theodor-Heuss-Brücke
Reduit
MAINZ-KASTEL
Mainz-Kastel
RHEIN
Landtag
Platz der Mainzer Republik
Staatskanzlei
Haus der Jugend
Brückentor
Rotes Tor
Brückenplatz
Karmeliterkirche
Flachsmarkt
Rheingoldhalle
Rheinufer-promenade
Jockel-Fuchs-Platz
Rathaus
Quintinskirche
Eisenturm
Heilig Geist Spital
Alte Univ.
Theater
Domplätze
Markt
Gutenberg-Museum
Mainzer Dom
Liebfrauenplatz
Gutenbergplatz
St. Johannis
Bischöfliches Dom- und Diözesanmuseum
Erbacher Hof
Weintor
Holztor
Bischofsplatz
Frankf. Hof
Augustinerkirche
Holzturm
Fachhochschule Mainz
Templertor
Malakoff-Terrasse
Kammerspiele
Ignazkirche
Malakoff-Passage
Hopfengarten
87er Denkmal
RÖMISCHES THEATER
Museum für Antike Schiffahrt (Römerschiff-Museum)
Zitadelle

39 ZDF Mainz ★★ [Umgebung]

Auf der anderen Rheinseite, im Mainzer Stadtteil Lerchenberg, der für Autofahrer über die Schiersteiner Autobahnbrücke schnell und bequem zu erreichen ist, hat eine der größten Fernsehanstalten Europas ihren Sitz: das Zweite Deutsche Fernsehen, kurz ZDF genannt. Rund 3000 Mitarbeiter gestalten dort rund um die Uhr verschiedene TV-Programme. Besucher haben die Gelegenheit, den Fernsehmachern bei ihrer Arbeit über die Schulter zu schauen – zum Beispiel samstagabends im „Aktuellen Sportstudio". Und von Mai bis September lockt sonntags gewöhnlich der „ZDF-Fernsehgarten".

Zu den wichtigsten Programmen, die auf dem Lerchenberg produziert werden, gehören die täglichen **Nachrichtensendungen** – vor allem „heute" und „heutejournal". Neben dem ZDF sendet vom Mainzer Lerchenberg auch **3sat**, eine Gemeinschaftseinrichtung von ARD, ZDF, Schweizerischer Radio- und Fernsehgesellschaft und Österreichischem Rundfunk.

Hinzu kommen digitale Kanäle wie **ZDFinfo** oder **ZDFneo**, die ebenfalls in Mainz produziert werden. Besucher können fast das ganze Jahr über im Rahmen einer **Führung** einen Blick hinter die Kulissen werfen.

› ZDF-Str. 1, Mainz-Lerchenberg, über Führungstermine und Anmeldemöglichkeiten informiert die Website https://zdf-service.de/fuehrungen-mainz

› Anreise: Mit dem Auto von Wiesbaden über die A643 und die A60 bis zur Ausfahrt Lerchenberg. Von dort ist der Zugang ausgeschildert. Vom Mainzer Hauptbahnhof verkehren mehrere Buslinien zum ZDF – und eine von den Einheimischen „Mainzelbahn" genannte Straßenbahnlinie.

40 Hochheim am Main ★★ [Umgebung]

Hoch über dem Main vor den Toren Wiesbadens liegt Hochheim am Main – ein kleines **Winzerstädtchen** mit alten Gassen und Hinterhöfen. Etwas außerhalb, in der am Fluss gelegenen Südstadt, befindet sich der Bahnhof, der von Wiesbaden aus mit der S-Bahn-Linie 1 in etwa zehn Minuten zu erreichen ist. Noch einmal gut zehn Minuten geht es dann bergauf durch die Weinberge und an der mächtigen katholischen Pfarrkirche St. Peter und Paul vorbei in die komplett **unter Denkmalschutz stehende Altstadt.**

Der Name Hochheim geht auf eine alte Alemannen-Siedlung zurück. Erstmals Erwähnung findet sie Mitte des 8. Jahrhunderts im Rahmen des Leichenzugs, mit dem man den Mainzer Bischof Bonifatius nach Fulda überführte. 1273 wurde das Dorf vom Kölner ans Mainzer Domkapitel verkauft. 1484 verlieh der Kaiser Hochheim das Recht, jährlich zwei Märkte abzuhalten. Es war der Ursprung des noch heute existierenden **Hochheimer Marktes**, der Anfang November bis zu einer halben Million Besucher lockt und immer einen Besuch wert ist. Dann ziehen die Menschenmassen durch die Straßen mit den kleinen Buden und Glühweinständen und fahren Riesenrad und Karussell. Und wie seit Jahrhunderten wird auch heute noch auf dem Hochheimer Markt Vieh versteigert.

[>] Eingebettet in Weinberge: Hochheims Altstadt mit der Kirche Sankt Peter und Paul

047wb Abb.: gs

Die Südfront der Altstadt ist die Schokoladenseite Hochheims – und damit das so bleibt, hat man auch die davor liegenden **Weinberge** unter Schutz gestellt. Blickfang ist die barocke **Kirche St. Peter und Paul** mit ihren sehenswerten Fresken. Sie stammen von dem Rokokomaler Johann Baptist Enderle, der zahlreiche schwäbische Kirchen und auch die Mainzer Augustinerkirche mit seinen Malereien ausstattete. Sehenswert ist zudem die **„Hochheimer Muttergottes"**, die mitten in der Stadt unter einem Baldachin steht.

Hochheim lebt vor allem von seinen kleinen **Weinstuben und Gutsausschänken**, in denen der rundum wachsende Wein, vor allem Riesling, ausgeschenkt wird. Der Rebensaft hat Hochheim weltberühmt gemacht. So ist der „Hock" schon vor gut eineinhalb Jahrhunderten im englischsprachigen Raum zum Synonym für einfachen lieblichen Rheinwein geworden. Zu seiner Popularität trug vor allem der Besuch der englischen Königin Victoria in Hochheim Mitte des 19. Jahrhunderts bei. Ihr wird auch der Spruch „A good Hock keeps off the doc!" zugeschrieben: „Ein Hochheimer Wein ersetzt den Arzt!"

Heute gehört Hochheim zur **Weinregion Rheingau** und bildet den Kern der **Großlage Daubhaus.** Zu den bekanntesten Weinlagen gehören die unterhalb der Altstadt gelegenen Lagen Domdechaney und Kirchenstück sowie der kleine Königin-Viktoria-Berg. Dort erinnert ein im neugotischen Stil errichtetes Denkmal an den Besuch der Queen. Ein kleines **Weinbaumuseum**, das erste in Hessen, stellt die Arbeit im Weinberg vor: Bodenbereitung, Rebveredlung und -pflanzung, Schädlingsbekämpfung, Traubenlese, Kelter- und Kellereibetrieb.

15 Touristeninformation der Stadtverwaltung Hochheim, Burgeffstraße 30/ Le Pontet-Platz, 65239 Hochheim am Main, Tel. 06146 900333, www.hochheim-tourismus.de, Mo. 8.30–12 und 14–16, Di., Mi. 8.30–12, Do. 14–18, Fr. 8.30–12 und 15–18, Sa. 12–17, So. 11–16 Uhr

16 Weinbaumuseum Hochheim, Wiesbadener Str. 1, 65239 Hochheim am Main, Tel. 06146 900333, Fr. 17–19, So. 15–17 Uhr oder nach Vereinbarung, 2 €

41 Schlangenbad ★ [Umgebung]

Ruhig und seit dem Bau einer Umgehungsstraße auch weitgehend abgeschieden liegt Schlangenbad im Taunus, ein kleiner **Badeort,** der von Wiesbaden aus leicht mit dem Bus (Rheingau-Taunus-Verkehrsgesellschaft, Linie 275) zu erreichen ist. Lässt man die inzwischen eingemeindeten Ortsteile beiseite, ist Schlangenbad mit seinen knapp 1000 Einwohnern einer der kleinsten deutschen Kur- und Badeorte.

Schlangenbads Thermalquellen wurden im 17. Jahrhundert entdeckt. Ihr Wasser hat einen relativ niedrigen Anteil mineralischer Bestandteile und schmeckt deshalb besonders mild. Das wussten im 18. Jahrhundert auch Kardinäle, Fürsten und Prinzessinnen, Generäle, Diplomaten, Kaufleute und Bankiers zu schätzen, die mit ihrem Gefolge in Schlangenbad residierten und die Abgelegenheit des Ortes schätzten. Auch in der Romantik war das Bad im Taunus eine begehrte Adresse mit hohem Erholungswert.

Heute ist das Bad staatlich, neun Thermalquellen und ein leistungsfähiger Tiefbrunnen fördern täglich rund 1200 Kubikmeter warmes Wasser mit einer konstanten Temperatur zwischen 28 und 32 °C zutage. Wasser, das bei rheumatischen Erkrankungen und anderen Entzündungen heilen helfen soll.

Der Name des Kurorts verweist auf die hier in freier Natur vorkommende ungiftige **Äskulapnatter,** die größte in Deutschland heimische Schlange. Mehrmals im Jahr bieten verschiedene Institutionen Führungen auf den Spuren der Äskulapnatter an. Sogar einen eigenen „Schlangenpfad“ gibt es, dessen Schautafeln über die Gefährdung des Reptils und mögliche Schutzmaßnahmen informieren.

› **Staatsbad Schlangenbad,** Rheingauer Str. 18, 65388 Schlangenbad, Tel. 06129 4850, https://schlangenbad27grad.de

Baden in Schlangenbad

Badefreunde kommen in Schlangenbad sommers wie winters auf ihre Kosten. Ganzjährig lockt die **Aeskulap Therme** mit 31 Grad warmem Wasser.

Von Mai bis September ist zudem das am Waldrand gelegene **Thermalfreibad** mit seiner großen, baumbestandenen Liegewiese eine attraktive Alternative. Zum Wohl der Badegäste wird hier das Schwimmbecken jeden Abend geleert und dann mit 27 °C warmem Wasser neu befüllt. Ein Service, den man sonst wohl suchen muss!

S13 Aeskulap Therme, Rheingauer Str. 18, 65388 Schlangenbad, https://schlangenbad27grad.de/aeskulaptherme, Mo., Mi. 11–18, Fr. 12–18, Di., Do. 11–16, Sa., So. 10–18 Uhr, 10 €

S14 Thermalfreibad Schlangenbad, Nassauer Allee 1, 65388 Schlangenbad, schlangenbad27grad.de/thermalfreibad, Mai–September, tgl. gewöhnlich 9–18 Uhr, 10 €

WIESBADEN ERLEBEN

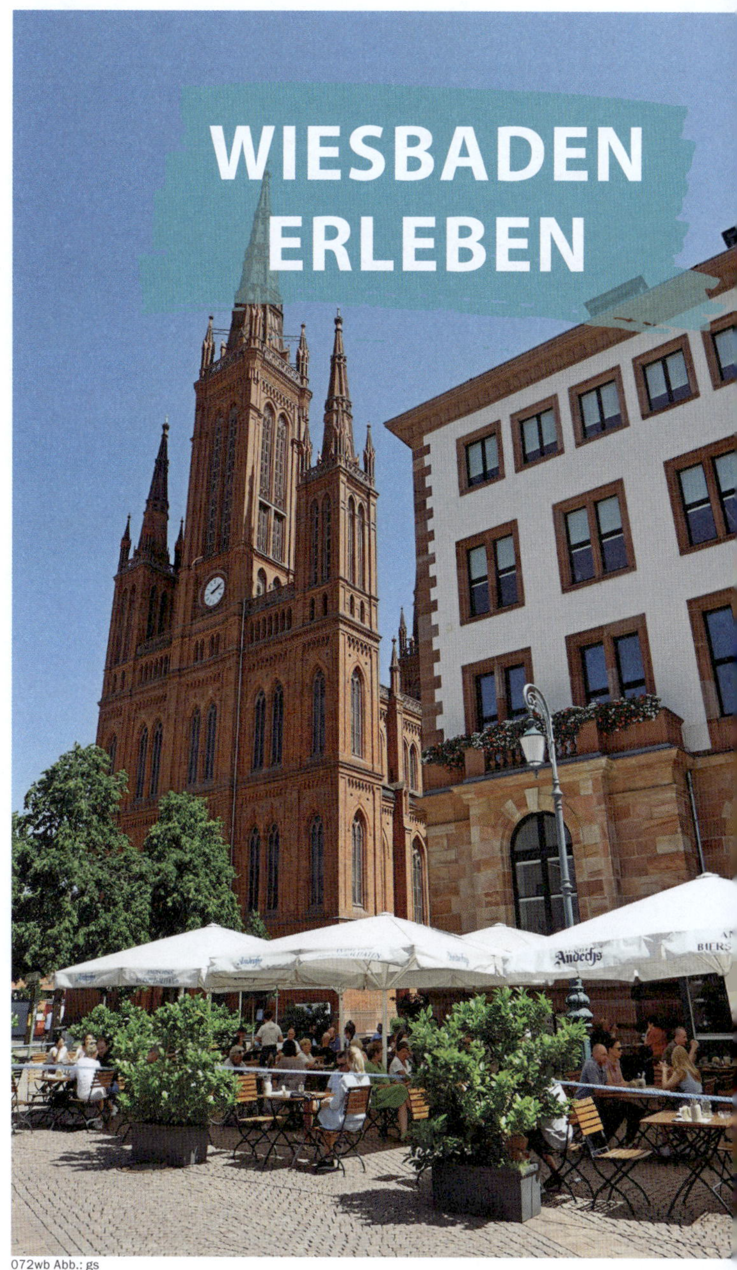

072wb Abb.: gs

017wb Abb.: gs

Wiesbaden für Kunst- und Museumsfreunde

Kulturfreunden bietet Wiesbaden fast rund um die Uhr Programm – auch wenn die **Auswahl an Museen nicht ganz so groß** ist wie in anderen Städten. Wirklich sehenswert ist das **Musem Wiesbaden** 21, das sowohl Natur- als auch Kunstliebhaber zufriedenstellt. Freunde moderner und aktueller Kunst sind im **Nassauischen Kunstverein** und im **KunstHaus Wiesbaden** gut aufgehoben. Sinnliche Erfahrungen sammelt man auf **Schloss Freudenberg**, wo unter anderem eine Dunkelbar lockt. Und im **Harlekinäum** in Erbenheim kommen alle auf ihre Kosten, die das Leben von seiner heiteren und humorvollen Seite nehmen.

So bunt wie die Museumslandschaft ist auch das übrige Kulturleben in Wiesbaden, das geprägt ist von renommierten **Chören und Orchestern**. Zum Beispiel residieren hier das Hessische Staatsorchester, das Johann-Strauß-Orchester Wiesbaden und die Schiersteiner Kantorei, die sich vor allem der Musik Johann Sebastian Bachs verschrieben hat. Und nicht zuletzt pflegen Dutzende literarischer und wissenschaftlicher Gesellschaften, Gesangvereine, Kirchenmusiken, Spielmannszüge und andere Vereine das kulturelle Erbe der Stadt.

› **Infos** unter www.wiesbaden.de („Kultur")

‹ *Vorseite: Am Schlossplatz 1 im Schatten der Marktkirche und des Neuen Rathauses*

^ *Jugendstil-Elemente wie dieses Mosaik zieren viele Häuser aus der Kaiserzeit*

Museen

17 [D2] **Aktives Museum Spiegelgasse für Deutsch-Jüdische Geschichte in Wiesbaden,** Spiegelgasse 11, Tel. 0611 305221, www.am-spiegelgasse.de, aktuelle Öffnungszeiten siehe Website, Eintritt frei. Im ältesten noch erhaltenen jüdischen Wohnhaus der Stadt informieren Wechselausstellungen über den jüdischen Alltag.

18 [B4] **frauen museum wiesbaden,** Wörthstraße 5, Tel. 0611 3081763, www.frauenmuseum-wiesbaden.de, Mi., Do., Sa., So. 12–17 Uhr, 6 €. Themenübergreifendes Museum zur Stellung der Frau in Geschichte, Gesellschaft, Wissenschaft und Kultur.

21 [E5] **Museum Wiesbaden.** Ein Muss für alle Kunst- und Naturliebhaber, aber auch für Freunde expressionistischer und moderner Kunst (s. S. 52).

19 [C2] **KunstHaus Wiesbaden,** Schulberg 10, Tel. 0173 9025605, www.kunsthauswiesbaden.org, Di.–So. 11–17 Uhr, Do. bis 19 Uhr. Kunsthalle am Altstadtrand mit Wechselausstellungen zu vorwiegend moderner oder zeitgenössischer Kunst, gelegentlich auch Konzerte und andere Veranstaltungen.

073wb Abb.: gs

Vor dem Museum Wiesbaden **21** *thront eine Statue von Goethe*

20 [E4] **Nassauischer Kunstverein,** Wilhelmstr. 15, Tel. 0611 301136, www.kunstverein-wiesbaden.de, Di., Mi., Fr. 14–18, Do. 14–20, Sa., So. 11–18 Uhr, 5 €. Der Nassauische Kunstverein (NKV) wurde 1847 von Bürgern der Stadt als

MEIN TIPP

Humormuseum

In einem alten Bauernhof mitten im Ort findet sich Deutschlands angeblich einziges **Humormuseum.** In acht Sälen haben die Ausstellungsmacher eine schräge Sammlung ausgefallener Ideen zusammengetragen – etwa Ostfriesenbecher mit Henkeln in der Tasse, ein begehbarer Riesenkäse oder ein Badezimmer, in dem sich ein Dschungel ausdehnt. Ebenfalls in Erbenheim findet sich in einem ehemaligen Pfarrhaus das „Harlekin's Klooseum – Museum of Modern Arsch“: eine skurrile Sammlung an Klobürsten, Nachttöpfen, Furzkissen und Klorollen. Auch der „Arsch mit Ohren“ gehört zu den gut tausend Exponaten der kleinen Ausstellung, die nur in Gruppen von maximal acht Personen durchstreift werden kann. Über Öffnungszeiten und Ausstellungen informieren die Websites der Museen.

21 **Harlekinäum,** Wandersmannstr. 39, Tel. 0611 74001, www.harlekinaeum.de

22 **Harlekin's Klooseum – Museum of Modern Arsch,** Wandersmannstraße 1b, www.klooseum.de

Mein Tipp

Brandneues Museumshighlight

Der prächtige Neubau des japanischen Architekten Fumihiko steht schon, im Herbst 2022 sollen die Stücke aus der Privatsammlung Reinhard Ernst hinzukommen: viele hundert wertvolle Gemälde und Skulpturen abstrakter Kunst aus der Nachkriegszeit.

28 [E4] **Museum Reinhard Ernst,** Wilhelmstraße 1, www.museum-reinhard-ernst.de

„Gesellschaft der Freunde der bildenden Kunst im Herzogtum Nassau" gegründet und wurde schnell zum mitgliederstärksten Verein der Stadt. Heute präsentiert er in Wechselausstellungen junge und experimentelle Kunst.

23 [E3] **sam – Stadtmuseum am Markt,** Marktplatz 3, Tel. 0611 44750060, www.stadtmuseum-wiesbaden.de, Fr.–Mi. 11–17, Do. 11–20 Uhr, Eintritt frei. Das Stadtmuseum im Gewölbekeller des Rathauses präsentiert Stadtgeschichte auf 1300 m² Ausstellungsfläche – von der Steinzeit bis zur Gegenwart.

018wb Abb.: gs

33 [bi] **Schloss Freudenberg.** Um sinnliche Erfahrungen dreht sich alles im Schloss Freudenberg. Mit „Für Menschen von 3 bis 103" werben die Organisatoren des Erlebnisorts für ihr Haus (s. S. 69).

Kunstgalerien

24 [D2] **art Gallery,** Häfnergasse 2, Tel. 0611 376269, www.artgallery-wiesbaden.de, Di.–Fr. 11–14 und 15–19, Sa. 11–18 Uhr. Auf Pop-Art spezialisiertes Haus, das Gemälde ebenso im Angebot hat wie Skulpturen, Fotografien und sogenannte Multiples.

25 **DAVISKLEMMGallery,** Steinern-Kreuz-Weg 22, Tel. 06134 2869730, www.davisklemmgallery.de. Galerie mit junger, vorwiegend zeitgenössischer Kunst im Stadtteil Kostheim.

26 [D1] **Galerie Cerny + Partner,** Saalgasse 36, Tel. 0611 53240888, www.cernyundpartner.de, Di.–Fr. 12–19, Sa. 11–15 Uhr. Vorwiegend zeitgenössische Kunst.

27 [dh] **Galerie Rother,** Taunusstr. 52, Tel. 0611 379967, www.galerie-rother.com, Di.–Fr. 13–18, Sa. 12–16 Uhr. Zeitgenössische Malerei und Skulpturen.

Kunst unter freiem Himmel

Moderne Kunst paart sich in Wiesbaden und seinen Vororten mit **wilhelminischen Denkmälern.** Manche verkörpern geschichtlich Großes, andere menschlich Amüsantes. Historische Brunnen finden sich neben Statuen und Skulpturen der Gegenwart. Rar sind allerdings religiöse Zeugnisse auf Straßen oder Plätzen. Da spürt jeder, dass Wiesbadens öffentlicher Raum Jahrhunderte lang protestan-

Kunstvollen Graffiti begegnet man in Wiesbaden immer wieder

tisch geprägt war – ganz im Gegensatz zum katholischen Mainz auf der anderen Seite des Rheins.

Viele **Denkmäler** und **Skulpturen** stehen in den Parks oder vor Museen und Bibliotheken. So thront **Goethe** vor dem Museum Wiesbaden 21, **Gutenberg** vor der Landesbibliothek 26. **Schiller** ziert die Rückfront des Staatsheaters 12, Wilhelm von Oranien die Schokoladenseite der Marktkirche 5. **Kaiser Friedrich III.**, der nur 99 Tage regierte, findet sich vor dem Hotel Nassauer Hof (s. S. 127), sein Vorgänger, **Wilhelm I.**, im Park am Warmen Damm 14. Große Monumente trifft der Besucher auch auf dem Luisenplatz 25 und im Nerotal-Park.

Moderner sind die kleineren Objekte – so wie die **„Spielende(n) Hengste"** am Warmen Damm, eine 1962 entstandene Bronzeplastik des Bildhauers Gerhard Marcks, oder der **„Flötenspieler"** im Kurpark, ebenfalls eine Bronzeplastik, die Walter Wadepuhl 1965 schuf. Vom russischen Bildhauer Gabriel Glikmann stammt die Statue des mit Wiesbaden besonders verbundenen Schriftstellers **Fjodor Dostojewski**, die seit 1996 am Nizzaplätzchen im Kurpark 13 steht. Und vor der Hessischen Staatskanzlei am Kochbrunnen 10 findet sich die 2008 geschaffene **„Löwenmähne"**, eine Arbeit des vielfach ausgezeichneten Bildhauers und Malers Thomas Virnich. **Graffiti-Liebhaber** kommen in Mainz-Kastel 31 auf ihre Kosten, wo die Gegend rund um den Hochkreisel im Rahmen eines Festivals jährlich mit neuen, zum Teil meterhohen Graffiti künstlerisch neu gestaltet wird.

071wb Abb.: gs

Das Bronzedenkmal „Spielende Hengste" von Gerhard Marcks

MEIN TIPP

Kunst zum Leihen und Verschenken

Sie sind Anwohner der Region und suchen ein Kunstwerk: Gemälde, Grafiken, Objekte oder Plastiken? Ein Original? Dann hilft Ihnen die Artothek im KunstHaus Wiesbaden, eine Einrichtung des Kulturamts. Für ein halbes Jahr kann dort jeder Bürger der Stadt und der Region gegen eine Gebühr Kunst ausleihen. Kunst für das Wohnzimmer, aber auch für Praxen und Büroräume. Die Leihgebühren starten bei 10 Euro für Rentner und Schüler. Alle Objekte stammen aus dem Bestand der Städtischen Kunstsammlungen, die regelmäßig neue Arbeiten aufkaufen.

› **Artothek Wiesbaden**, KunstHaus Wiesbaden (s. S. 83), Tel. 0611 58027828, www.wiesbaden.de/artothek, Di.–Mi. 11–17, Do. 11–19 und jeden ersten Sa. im Monat 11–14 Uhr

Wiesbaden für Genießer

Mit vielen Hundert Restaurants, Cafés, Bistros, Weinstuben, Biergärten und Kneipen bietet Wiesbaden von der einfachen Dönerbude bis zum luxuriösen Sternelokal für jeden Gast und Geldbeutel etwas. Die Küche ist international, auch wenn hessische Traditionsgerichte wie Rippchen mit Kraut oder Frankfurter Grüne Soße immer ihre Anhänger haben.

Sternekoch Michael Kammermeier serviert in der „Ente", dem Restaurant im Hotel Nassauer Hof (s. S. 127), feinste Gourmetmenüs und junge, kreative Küchenkünstler wie Martino Stirn stehen ihm kaum nach. Aber auch in manchem Vorort zaubern Köche und Köchinnen aus regionalen Produkten feinste Menüs. Daneben überraschen kleine, oft nur wohnzimmergroße Lädchen mit täglich frischen Suppen oder anderen **leckeren Kleinigkeiten.** Und kaum zu zählen sind die **Bistros** und **Eiscafés, Pasta- und Pizzabuden,** die es so allerdings in fast jeder Stadt gibt.

Wiesbadens Traditionsküche ist hessisch und mit von der fränkischen und rheinhessischen Küche geprägt – vom Kasseler mit Kraut, in der Schweiz als geräuchertes Rippli, in Österreich als Selchkarree bekannt, bis zur Frankfurter Grünen Soße, die gern zu Tafelspitz oder gekochtem Rindfleisch gereicht wird. Auch „Haspel", wie die Einheimischen zum Eisbein sagen, oder „Dippehas", stundenlang im Topf (mundartlich: Dippe) geschmorter Wildhase, gehören zu den alten Rezepten. Das alles aber darf nicht darüber hinwegtäuschen, dass Wiesbadens Küche längst eine internationale ist, denn Zehntausende von Migranten haben ihre Esskultur mitgebracht, die in Dutzenden Restaurants von Küchenkünstlern aus aller Welt zelebriert wird.

Viele **Zutaten** liefert Wiesbadens Köchen und Köchinnen das Hinterland, wo Salate, Zwiebeln, Bohnen, Karotten, Tomaten, Gurken, Kohl und anderes Gemüse wachsen. Wichtig sind aber vor allem **Kartoffeln,** die seit Jahrhunderten in immer neuen Varianten auf den Tisch kommen: als Salat oder Brei, meist aber gekocht. Mit Butter oder Leberwurst schmecken sie gut oder auch mit gekochtem Spinat, Rosenkohl, Schwarzwurzeln oder sonstigem Gemüse, das häufig ein paar Spiegeleier oder eine Bratwurst krönen. Gern werden Kartoffeln zudem zu **Suppen** verarbeitet, in letzter Zeit auch mehr und mehr Kürbis, Spargel und andere Gemüsesorten. Aber auch das sozusagen vor der Haustür wachsende **Obst** wie die Frauensteiner Kirschen spielt eine

MEIN TIPP

Winzer auf dem Wochenmarkt

Von Ende März bis Ende November laden Wiesbadens Winzer samstags zwischen 8 und 14 Uhr auf den Wochenmarkt auf dem Dern'schen Gelände (s. S. 98) zum **Marktfrühstück.** Im Angebot sind vor allem Weine aus den Vororten Kostheim und Frauenstein.

KURZ & KNAPP

Bembel

Apfelwein wird in Hessen im Bembel ausgeschenkt, einem dickbauchigen Steinkrug. Der Bembel kam Ende des 19. Jh. in Mode. Sein Name leitet sich von „Pampel" ab, wie die Studenten ab dem 17. Jahrhundert in Anlehnung an das lateinische „pampinus" (Weinlaub) ihre Weingefäße nannten.

014wb Abb.: gs

große Rolle auf dem Wiesbadener Speisezettel.

Gekochte Eier bereichern die **Grüne Soße,** die vermutlich die Hugenotten mit nach Hessen brachten. Mit Borretsch, Kerbel, Kresse, Petersilie, Pimpinelle, Sauerampfer und Schnittlauch gehören traditionell sieben Kräuter in die Grüne Soße, die mit Schmand und saurer Sahne angereichert wird. Auch **Presskopf, Sülze** und **Handkäse,** meist mit Essig und Öl serviert, stehen in vielen Wein- oder Apfelwein-Wirtschaften auf der Karte. **Speck- und Zwiebelkuchen** bereichern den Herbst und erste Winterabende, **Blechkuchen** mit Zwetschgen, Äpfeln oder Butterstreuseln den nachmittäglichen Kaffeeklatsch oder Familienfeiern wie Geburtstag oder Beerdigung. Und bei den Älteren stehen **Hefezöpfe** oder **„Prasselkuchen“,** dessen Boden aus Blätterteig ist, noch immer hoch im Kurs.

Zum Essen wird in Wiesbaden neben Wasser meist **Wein** oder **Bier** getrunken, häufig auch **Apfelwein.** „Stöffche“ heißt er bei den Einheimischen. Dabei lässt sich beobachten, dass in den Richtung Frankfurt gelegenen Vororten wie Nordenstadt der Apfelwein dominiert, in den dem Rheingau benachbarten Stadtquartieren wie Frauenstein der Wein. Bekannt ist die Apfelweinkellerei Emmel (s. S. 97) in Bierstadt, die seit Jahrzehnten Äpfel von den Streuobstwiesen der Region zu naturtrübem Apfelwein verarbeitet. Ein süffiges Sommergetränk, das im Winter gern heiß getrunken wird. Emmels „Stöffche“ wird in zahlreichen Wiesbadener Gaststätten ausgeschenkt, zum Teil frisch vom Fass.

In der engen Goldgasse [D2] reiht sich ein Restaurant an das andere

Empfehlenswerte Restaurants

29 Brauhaus Castel €€, Otto-Suhr-Ring 27, Mainz-Kastel, www.brauhaus-castel.de, So.-Do. 11.30-22, Fr., Sa. 11.30-23 Uhr. Brauhaus mit deftigen bayrischen Speisen wie Schweinshaxe. Trumpfkarte ist der riesige Biergarten.

30 [D3] **Brauns Fischgaststätte** €-€€, Ellenbogengasse 12, Tel. 0611 301863, Mo.-Fr. 10.30-19, Sa. 10.30-17 Uhr. Traditionsreiches Fischlokal in der Altstadt. Seelachs, Goldbarsch und Kabeljau finden sich gewöhnlich auf dem Backfischteller

31 [E2] **Chez Mamie** €€, Spiegelgasse 9, Tel. 0611 36024800, https://chez-mamie.de, tgl. 12-24 Uhr. Gemütliches Restaurant mit französischer Küche. Lobenswert: Viele Gerichte gibt es in großen und kleinen Portionen, außerdem einen preiswerten zwei- oder dreigängigen Mittagstisch.

32 [dh] **Das Manico** €€€, Taunusstr. 49, Tel. 0611 16866466, www.dasmanico.de, Mi.-Sa. 12-14.30 und 18-22, Di. 18-22 Uhr. Neues Restaurant in zeitloser Eleganz mit bis zu 6-gängigen Menüs samt Weinbegleitung. Preiswerter Mittagstisch.

33 [dh] **Huacas Peru** €-€€, Stiftstraße 12, Tel. 0611 88020158, www.huacas-peru.com, Mo.-Sa. 17-23, So. 13-22 Uhr. Miesmuscheln, Reis, Maniokwurzeln, roher Thunfisch oder mit Hähnchen gefüllte Teigtaschen: der richtige Ort, um Perus Küche zu entdecken!

34 [E2] **Karim's Brasserie** €€, Webergasse 7, Tel. 0611 9590608, www.karims.de, tgl. 11-22.30 Uhr. Auberginenauflauf, Lammfrikadellen, Couscous, Mezze und Falafel. Nordafrikanische Küche, die man sommers auch im Garten genießen kann.

35 [D5] **Pescaletta** €€-€€€, Bahnhofstraße 23, Tel. 0611 447500, www.pescaletta.de, Mo.-Sa. 12-15 und 18-23, So. 18-23 Uhr. Neues Fisch- und Pastarestaurant im Hansa-Hotel mit tagesaktuellem Menü. Hummer, Kaviar und Austern gibt es auf Vorbestellung.

36 [eh] **Ristorante La Rucola** €€€, Parkstr. 42a, Tel. 0611 376300, www.la-rucola.de, Di.-So. 12-14.30 und 18-22.30 Uhr. Gemütlicher Italiener im Kurpark mit gehobener Küche, im Som-

Gastro- und Nightlife-Areale

Bläulich hervorgehobene Bereiche in den Karten kennzeichnen Gebiete mit einem dichten Angebot an Restaurants, Bars, Klubs, Discos etc.

Mein Tipp

Riesling im Hindukusch

Afghanische Küche und deutsche Weine vereinen sich in diesem Restaurant im Westend. Mit Hackfleisch und Gemüse gefüllte Blätterteigpasteten gibt es ebenso wie pikanten Schafskäse nach Hindukusch-Art mit Schwarzkümmel oder geschmorten Kürbis in Tomaten-Safran-Soße. Hausgemachtes Hähnchencurry mit Erbsen und Basmatireis gehört zu den Bestsellern. Vegetarier lieben den Hindukusch-Salat mit Mangodressing an geschmorten Pilzen oder die gebackenen Auberginen mit Dreierlei aus Tomaten, Zwiebeln und Quark. Und immer lässt sich Mama Fauzia, die mit Gewürzen und Kräutern aus ihrer Heimat Afghanistan umzugehen versteht, noch etwas Neues einfallen. Das Aktuellste steht dann auf der Schiefertafel. Im Sommer ist die Terrasse die erste Anlaufstation, im Winter auch die kleine Bar im ersten Stock, ein Paradies für Ginfreunde.

37 [A2] **Riesling im Hindukusch,** Seerobenstr. 1, Tel. 0611 88000384, http://rieslingimhindukusch.de, Di.-So. 17-24 Uhr

mer schöne Terrasse. Spezialitäten sind hausgemachte Pasta sowie Fisch- und Fleischgerichte wie die rosa gebratenen Milchlammkoteletts.

38 [aj] **Weinhaus Sinz** €€, Herrnbergstr. 17–19, Tel. 0611 942890, www.weinhaus-sinz.com, Di.–Sa. 11–24, So. 11–15 Uhr. Traditionsrestaurant im Stadtteil Frauenstein mit durchgehend warmer Küche, viele Familienrezepte mit saisonalem Einschlag.

Für den kleinen Hunger und Geldbeutel

39 [D4] **Bei Gabriel,** Rheinstr. 43, Tel. 0611 3309990, Mo.–Fr. 11–19, Sa. 11–17 Uhr. Klein, aber fein: libanesische Spezialitäten wie Falafel oder Schawarma, in Marinade gewürzte Fleischscheiben und dazu feines Fladenbrot.

Preiskategorien

Preis für ein Dreigängemenü ohne Getränke:

€	bis 25 Euro
€€	25–45 Euro
€€€	ab 45 Euro

40 [D2] **Curry Manufaktur,** Am Römertor 3, Tel. 0611 58086900, www.curry-manufaktur.de, Mo.–Sa. 11–20 Uhr (Fr., Sa. bis 20.30 Uhr). Knackige Würste vom Hausmetzger mit feinen Soßen. Mittwochs und samstags gibt es auch auf dem Wochenmarkt „Currywurst de luxe“.

41 [D4] **Gastwerk Degenhardt,** Luisenplatz 4, Tel. 0611 9877977, www.gastwerk-degenhardt.de, tgl. 9–23 Uhr. Im

Meine Tipps

Dinner for one

42 [F2] **Benner's Bistronomie** €€-€€€, Kurhausplatz 1, Tel. 0611 536200, www.benner-s.de, tgl. 12–22 Uhr. Erste Adresse für alle Theatergäste und Kurhausbesucher, die sich bei Lachstatar oder einem Chateaubriand in der Bistronomie auf Opern- oder Kasinobesuch einstimmen. Das Ambiente ist immer stimmig, da gibt es auch für Allein-Esser viel zu schauen!

Vegetarisch und vegan

43 [B7] **Fair.liebt** €-€€, Wielandstraße 14, Tel. 0611 88005595, Mo.–Fr. 18–22 Uhr. Veganes Restaurant mit Wohnzimmeratmosphäre. Im Angebot sind ebenso Champignonplätzchen mit Kräuterquark wie Linsenbällchen oder Orientalischer Flammkuchen.

44 [A4] **Hey Lucie,** Goebenstr.18, Tel. 0611 16866493, www.heylucie.de, Mo.–Fr. 9.30–15, So. 10–14 Uhr. Kleiner Bioladen mit veganem und glutenfreiem Angebot im Westend. Frühstücksspezialität sind Smoothies und Brote mit selbstgemachtem Aufstrich. Mittags gibt es täglich wechselnde Suppen, herzhafte Tartes und Gemüse-Omeletts.

Essen mit Aussicht

› **Opelbad Restaurant** €€, im Opelbad (s. S. 49), Tel. 0611 525100, www.wagner-gastronomie.de, tgl. 11–22 Uhr (in der Wintersaison montags Ruhetag). Speisen im aufwendig renovierten Bauhaus-Ambiente oder auch direkt am Pool. Große Auswahl an Speisen.

Für den späten Hunger

45 [D3] **Zum Schwejk,** Alfons-Paquet-Str. 4, Tel. 0611 44760101, www.facebook.com/zumSchwejk, So.–Do. 17–4, Fr.–Sa. 17–5 Uhr. In der Wiesbadener Kultkneipe, einer Raucherbar, gibt es auch nach Mitternacht noch etwas zu Essen. Nachteulen wissen den Ort inmitten der Altstadt jedenfalls sehr zu schätzen.

ehemaligen Friseursalon gibt es kulinarische Köstlichkeiten wie Mangoldeintopf oder Fischpasta auf Orangencreme, nachmittags Kaffee und Kuchen.

46 [D6] **Old Vineyard Weinbistro** €, Untere Albrechtstraße 16, Tel. 0611 88008082, www.old-vineyard.de, Di.–Fr. 12–22, Sa. 17–22 Uhr. Wein- und Biergarten mit Flammkuchen aller Art sowie Fondue, das allerdings telefonisch vorbestellt werden muss.

Biergärten, Wein- und Apfelweinstuben

47 **Berggasthof Kellerskopf,** Kellerskopf 1, Tel. 06127 4926, www.kellerskopf.de, Fr. 17–22, Sa., So. 11.30–22 Uhr. Wiesbadens höchstgelegener Biergarten. Regional geprägte Küche. Spezialität: hausgemachter Apfelwein im Bembel.

48 **Frankfurter Hof,** Oberpfortstr. 2, Tel. 06122 2467, www.frankfurterhof.com, Di.–Sa. ab 17 Uhr (warme Küche bis 22 Uhr). Viel besuchtes Apfelweinlokal, das als Familienbetrieb in fünfter Generation geführt wird. Spezialität ist der Handkäs', der nach alten Rezepten noch immer selbst gefertigt wird.

Cafés

49 [D1] **Dale's Cake,** Nerostr. 12, Tel. 0611 98827733, www.dalescake.com, Mo.–Fr. 9–19, Sa., So. 10–19 Uhr. Zu den Bestsellern zählen neben dem Karottenkuchen die Cupcakes. Auch schön zum Frühstücken.

50 [A4] **Eiscafé Santini,** Bismarckring 14, Tel. 0611 45068819, https://santini-gelato.de, tgl. 11–21 Uhr. Das hausgemachte Eis, das hier kredenzt wird, hat viele Fans. Im Angebot sind neben ausgefallenen Milcheis- auch vegane Sorten.

51 [B5] **Tillys Café Walz,** Kaiser-Friedrich-Ring 12, Tel. 0611 374754, Mi.–Mo. 9–18 Uhr. Frühstückslokal in nostalgischem Ambiente mit kleinem Mittagstisch und großer Kuchenauswahl, auch vegane und glutenfreie Produkte.

Biergarten im Park hinter dem Kurhaus 11

015wb Abb.: gs

Wiesbaden am Abend

Das **kulturelle Angebot in Wiesbaden ist groß.** Es reicht vom Orchesterkonzert bis zur Disco-Sause, vom Rockfestival zum Kleinkunstabend, vom klassischen Ballett bis zum Free-Jazz-Konzert. Gleich mehrere **Bühnen** buhlen um die Gunst alter und junger Theaterfreunde. Wer gern spielt, ist in der **Spielbank des Kurhauses** 11 richtig, das manche für Deutschlands Poker-Paradies halten. Hier kann man schnell sein Geld loswerden! In den Kurhauskolonnaden gegenüber lockt das sogenannte „Kleine Spiel" mit vielen Dutzend Glücksspielautomaten.

In Wiesbaden gibt es zudem eine lebendige **Kleinkunstszene** – zum Beispiel bei den Kammerspielen (s. S. 92) oder im Theater im Pariser Hof (s. S. 93) –, die vor allem vom privaten Engagement lebt. Traditionsreich ist das Velvets Theater (s. S. 93), wo man unter anderem das klassische tschechische **Schwarze Theater** pflegt. Beachtenswert ist auch die **Kinoszene** (s. S. 93), verfügt Wiesbaden mit der Caligari FilmBühne (s. S. 93) und dem Murnau-Filmtheater (s. S. 93) doch über zwei cineastisch interessante Treffpunkte.

Traditionelle **Ausgehtage** in Hessens Hauptstadt sind Freitag und Samstag – und wie in allen größeren Städten geht auch in Wiesbaden die Post oft erst nach Mitternacht ab. Wiesbadens **Klubszene** konzentriert sich unter anderem in Nero- [D1] und Taunusstraße [D/E1]. An lauen Sommerabenden trifft sich das feiernde Volk auch gern am Rheinufer in Biebrich, Schierstein oder Kastel – oder im nahen Rheingau, wo viele Dutzend Weinwirtschaften in ihre Gärten oder auf ihre Terrassen laden. Um 5 Uhr ist

Wiesbadens kleine Altstadtgassen wie die Grabenstraße [D2] mit ihrer stimmungsvollen Beleuchtung sind auch abends einen Bummel wert

Kultur im Schlachthof

Mit über 100.000 Besuchern jährlich gehört der Schlachthof zu den ersten Freizeit- und Unterhaltungs-Adressen in der hessischen Landeshauptstadt. Pop- und Rock-Fans sind hier ebenso gut aufgehoben wie Freunde von Theater und Comedy.

•55 [ei] **Kulturzentrum Schlachthof,** Murnaustr. 1, Tel. 0611 974450, www.schlachthof-wiesbaden.de

in Wiesbaden aber mit dem Nachtleben auch am Wochenende Schluss: Für mindestens eine Stunde ist gesetzlich Nachtruhe angesagt. Eigens für die Nachtschwärmer verkehren spezielle **Nachtbusse,** die sogenannten Nightliner. Sie sind gewöhnlich in der Nacht zu Samstag und Sonntag bis ca. fünf Uhr unterwegs. Zentrale Umstiegs- und Abfahrtsstelle ist der Platz der Deutschen Einheit (Fahrpläne unter http://www.eswe-verkehr.de/fahrplaene.html).

Theater, Konzert- und Kleinkunstbühnen

52 [D5] **Galli Theater,** Adelheidstr. 21, Tel. 0611 3418999, https://galli-wiesbaden.de. Kleiner Theatersaal, in dem unter anderem Märchen für Kinder und Comedy für Erwachsene angeboten werden.

12 [E2] **Hessisches Staatstheater.** Mit über 300.000 Besuchern jährlich zählt das Haus zu den meistbesuchten Bühnen Deutschlands.

53 [D1] **Kammerspiele,** Bergkirche Wiesbaden, Lehrstr. 6, Tel. 0611 98827340, www.kammerspiele-wiesbaden.de. Freie Bühne im Nebengebäude der Bergkirche. Auf dem Programm stehen meist zeitbezogene und gesellschaftsrelevante Stücke.

54 [D2] **kuenstlerhaus43,** Obere Webergasse 43, Tel. 0611 1724596, www.kuenstlerhaus43.de. Das kleinste Theater der Stadt lockt mit Schauspiel, interaktivem Dinner-Theater, Workshops und Ausstellungen.

074wb Abb.: gs

56 [E4] **Kulturforum Wiesbaden,** Friedrichstr. 16, Tel. 0611 313031, www.wmk-wiesbaden.de/kulturforum. Ein 330 Quadratmeter großer Veranstaltungssaal inmitten der Stadt mit einem kleinen Bistrobereich und variabler Bühne.

› **Marleen,** Veranstaltungssaal im Einkaufszentrum Lili (s. S. 96), https://lili-wiesbaden.com/marleen. Musik, Theater, Lesungen, Diskussionen und mehr ...

57 [dh] **thalhaus,** Nerotal 18, Kartenvorverkauf: 0611 1851267 (Mo.-Fr. 8.30-19.30, Sa. 8.30-15 Uhr), www.thalhaus.de. Kleinkunstforum im Nerotal mit vielfältigem Programm – vom Improvisationsabend bis zum Klavierkonzert.

58 [E2] **Theater im Pariser Hof,** Spiegelgasse 9, Tel. 0611 44764644, www.theaterimpariserhof.de. Im Angebot sind Kabarett und Comedy, aber auch Diskussionen oder Lesungen. Spielzeit ist von September bis Juni.

59 [ej] **Velvets Theater,** Schwarzenbergstr. 3, Tel. 0611 719971, www.velvets-theater.de. Klassisches Figuren- und Pantomimentheater. Zu den Bestsellern der Bühne gehören Mozarts „Zauberflöte" und „Der kleine Prinz".

60 [D1] **Wallhalla-im-Exil,** Nerostraße 24, Tel. 0611 9103743, www.walhalla-im-exil.de. Experimentelles und zeitgenössisches Theater, Kunst und Musik an neuem Spielort. Das alte Theater ist leider baufällig, nach einer Sanierung plant man, wieder in die Mauritiusstraße zurückzukehren.

Das Hessische Staatstheater 12 ist das kulturelle Aushängeschild der Stadt. Seine Schauseite ist die Südfront.

Filmtheater

Viel Abwechslung bietet Wiesbaden allen Cineasten. Städtische Lichtspielhäuser wie das prachtvoll ausgestattete Caligari und Spezialbühnen wie das Murnau-Filmtheater oder das Biebricher Schloss mit seiner Reihe „Filme im Schloss" zeigen meist Filme, die nicht zu den Blockbustern gehören und trotzdem ihr Publikum verdient haben. Zu den Angeboten für Cineasten gehören auch das renommierte Filmfestival **GoEast** (s. S. 100), das queere Filmfestival **Homonale** (s. S. 121), das **Internationale Trickfilm-Wochenende** im Oktober und das **Fernsehkrimi-Festival** (s. S. 102). Im Rahmen der **Werkstatt der Jungen Filmszene** zeigen junge Filmemacher ihre Werke. Das **exground-Filmfestival,** bei dem zahlreiche Preise vergeben werden, gibt es bereits seit über 30 Jahren.

61 [E3] **Caligari FilmBühne,** Marktplatz 9, Tel. 0611 315050, www.caligari-wiesbaden.de, Kinokasse: tgl. 16.30-20.30 Uhr. Anspruchsvolle und abwechslungsreiche Programmgestaltung.

› **Filme im Schloss,** Vorführsaal im Biebricher Schloss 29, Tel. 0611 840562, www.filme-im-schloss.de. Meist zweimal im Monat zeigt die Deutsche Film- und Medienbewertung in Zusammenarbeit mit dem Kulturamt seltene Filme in den Originalversionen (teilweise mit Untertiteln).

62 [ei] **Murnau-Filmtheater – Deutsches Filmhaus,** Murnaustr. 6, Kartenreservierung: Tel. 0611 9770841 (Mo.-Fr. 10-12 Uhr), http://www.murnau-stiftung.de/filmtheater. Das Filmtheater der Murnau-Stiftung zeigt von Do. bis So. Filme aus seinem Bestand und andere Kinoklassiker. Das Lichtspielhaus mit 100 Sitzplätzen befindet sich auf dem Schlachthofgelände.

Bars, Bistros

63 [D3] **anstößig – Tapas und Wein,** Grabenstr. 18, Tel. 0611 34170226, https://anstoessig.com. Deutsche Tapas und über hundert Weine in einem ehemaligen Weinlokal: Da kommt keine Langeweile auf. Das Motto der Bar: „Ein Kuss ist die schönste Art, gemeinsam den Mund zu halten. Dicht gefolgt von essen und trinken."

64 [D1] **Café del Sol,** Kochbrunnenplatz 3, Tel. 0611 92798079, www.cafedelsol.de, tgl. 9–23 Uhr. Populärer Treff in der alten Brunnenkolonnade. Frühstück à la carte und vom Buffet, mittags u. a. Bowls und Burger.

65 [D3] **Lenz,** Wagemannstr. 17, Tel. 0611 88003931, https://lenz-genuine-drinks.de, Di.–Do. 19–24, Fr., Sa. 19–2 Uhr. Kleine Cocktailbar. „Moscow Mule" ist des Barmanns Lieblingsmix: Wodka, Ginger Beer, Gurke und Minze.

66 [D1] **Manoamano Bar,** Taunusstraße 31, Tel. 0611 17245818 www.manoamano-bar.de, Mo.–Sa. ab 18 Uhr. Modern-elegantes Ambiente, das auch ältere Gäste anzieht.

67 [D1] **Eckhaus,** Hirschgraben 17, Tel. 0611 378576, www.facebook.com/eckhauswiesbaden, Mi.–Sa. ab 17 Uhr. Neue Bar mit kleiner Küche (Quiche, Suppen, Käse) im Bergkirchenviertel. Gelegentlich Livekonzerte oder Comedy .

68 [dk] **Thally's Rheinbar,** Uferstraße 1, Tel.0611 5328225, www.tallys-restaurant.com, tgl. 12–23 Uhr. Bar und Restaurant am Biebricher Rheinufer. Cocktails und Weine, auch Herzhaftes für Hungrige.

Klubs, Discos und Co.

69 [ck] **Alte Schmelze,** Alte Schmelze 10, Tel. 0611 562041, www.alte-schmelze.de. In dem Industriebau aus dem 19. Jahrhundert im Stadtteil Schierstein, der heute als Konzertsaal oder Raum für Galas, Seminare und andere Veranstaltungen genutzt wird, finden häufig auch Klubnächte statt.

70 [ei] **Kreativfabrik,** Murnaustr. 2, Tel. 0611 72397877, www.kreativfabrik-wiesbaden.de. Kulturzentrum im ehemaligen Fleischerei-Einkauf des Schlachthofs. Konzerte, Theater, Partys ...

71 [D1] **Kulturpalast,** Saalgasse 36, Tel. 0611 5325406, www.kulturpalast-wiesbaden.de. Alternatives Kulturzentrum in ehemaligem Pferdestall. Konzerte, Lesungen, Partys oder Public Viewing.

72 [E3] **Park Café Wiesbaden,** Wilhelmstraße 36, Tel. 0611 3413246, www.park-cafe-wiesbaden.de, Fr.–So. ab 22 Uhr. Klub mit großer Tradition, nobler Einrichtung und hohem Flirtfaktor. Publikum aus dem ganzen Rhein-Main-Gebiet.

Smoker's Guide

In hessischen Gaststätten gilt ein **generelles Rauchverbot.** Ausnahme sind „getränkegeprägte Einraumgaststätten", die unter bestimmten Voraussetzungen das Rauchen gestatten können, z. B.:

73 [D3] **Der Eimer,** Wagemannstr. 9, Tel. 0611 53251492, www.eimer-wiesbaden.de, Mo.–Sa. ab 17 Uhr. Raucherparadies in der Altstadt. In der über 100 Jahre alten Kneipe gibt es Fassbier und einfache Weine.

74 [D2] **Litfassäule,** Wagemannstr. 29, Tel. 0611 373850, www.litfassaeule-wiesbaden.de, tgl. 19–5 Uhr. Beliebter Treffpunkt für Nachteulen und Raucher.

75 [E3] **Schwalbennest,** Wilhelmstr. 40, Tel. 0611 303931, tgl. 17–1 Uhr. Gemütliche Pilsstube in der Wilhelms-Passage.

012wb Abb.: gs

Wiesbaden zum Stöbern und Shoppen

Kauflustigen bietet Wiesbaden einige Möglichkeiten: Einkaufszentren wie das Lili oder das LuisenForum finden sich mitten in der Stadt, große Einrichtungshäuser und Elektromärkte an der Peripherie. Was die Stadt aber für Einkaufsbummler so interessant macht, sind die ausgesuchten kleinen und exklusiven, oft auch teuren Geschäfte. Tausend Euro wird man in Wiesbaden für ein paar handgenähte Schuhe oder eine schöne Tasche leicht los! Arabische Scheichs kaufen hier deshalb ebenso gern ein wie russische Oligarchen.

Die **Kirch-** [C3–4] und die **Langgasse** [D2–3], die ineinander übergehen, bilden Wiesbadens wichtigste Einkaufsmeile. Hier reihen sich Modegeschäfte wie H&M oder Zara an bekannte Restaurantketten, Optikerläden an Buchhandlungen, Restaurants und Bistros an Schuh- und Textilgeschäfte. Und mit Galeria Karstadt und Galeria Kaufhof finden sich auch Wiesbadens größte Kaufhäuser in der Fußgängerzone.

⌃ *Im LuisenForum kann man gleich auf mehreren Ebenen einkaufen*

Ganz anders geht es auf der **Wilhelmstraße** ⑮ zu, die mit klangvollen Namen wie Armani, Burresi oder Van Laack daherkommt. Wer hier zum Einkauf unterwegs ist, braucht den passenden Geldbeutel. Den meisten bleibt auf der Wilhelmstraße so nur der Schaufensterbummel. Kleinen und exklusiven Geschäften und Boutiquen begegnet man auch in **Taunus-** [D/E1] oder **Nerostraße** [D1], wo vor allem Antiquitätenhändler zu finden sind.

Spätestens wenn es darum geht, den Lieben zu Hause etwas mitzubringen, beginnt die Qual der Wahl. In Wiesbaden fällt die nicht leichter als anderswo. Auffallend ist die Vielzahl der **Feinkost- und Feinschmeckerlädchen** in der Stadt – so wie die Patisserie L'Art Sucre (s. S. 97), die mit

Shoppingareale
Die wichtigsten Shoppingbereiche der Stadt sind im Kartenmaterial mit einer rötlichen Fläche markiert.

hand- und hausgemachten Köstlichkeiten aufwartet. Auf Selbstgemachtes schwört man auch in der Konditorei Kunder (s. S. 97) in der Wilhelmstraße, die Pralinen oder mit feinster Schokolade überzogene Apfelringe, Kiwischeiben, Kirschen, Trauben, Datteln, Erdbeeren, Feigen oder Pflaumen anbietet. Bei Kunder wurde einst auch das „Wiesbadener Ananastörtchen" (s. S. 10) erfunden, eine weltbekannte Spezialität.

Ebenfalls eine Wiesbadener Spezialität sind die **Seifen** aus dem Salz des Kochbrunnens, die neben Schlüsselanhängern, Glühweintassen, Krawatten, Schals und Schirmen mit Wiesbaden-Logo in der Tourist-Information (s. S. 119) angeboten werden.

Rheingauer Weine bietet eine Reihe von Fachgeschäften in der Innenstadt an. Und wer noch Platz im Kofferraum hat, dem sei ein Einkaufs-Ausflug in die Vororte Kostheim oder Frauenstein (32) empfohlen, noch besser eine Stippvisite in Hochheim (40), wo ausgezeichnete Riesling-Weine zu Hause sind. Begehrt als Souvenir ist auch der „Wiesbadener Neroberg", der auf dem Südhang des Nerobergs (19) angebaute Riesling.

Einkaufszentren

76 [D7] **Lili,** Bahnhofsplatz 3, Tel. 0611 4114070, https://lili-wiesbaden.com, Mo.–Sa. 10–20 Uhr. Mehr als dreißig Läden und Dienstleister unter einem Dach!

77 [C4] **LuisenForum,** Kirchgasse 6, Tel. 0611 3415470, www.luisenforum.com, Mo.–Sa. 10–20 Uhr. Großes Einkaufszentrum in der Stadtmitte mit rund vierzig Läden. Zum LuisenForum gehören auch eine Schlemmermeile, eine Bankfiliale und ein Parkhaus.

Buchhandlungen

78 [D3] **Buchhandlung Angermann,** Mauergasse 21, Tel. 0611 993090, www.landkartenhaus.de, Mo.–Fr. 10–18, Sa. 10–16 Uhr. Gemütlicher Buchladen, der sich mit Reiseführern und Karten auf Wanderer und Urlauber eingestellt hat.

79 [D2] **Buchhandlung Dr. Vaternahm,** An den Quellen 12, Tel. 0611 301255, www.buchhandlung-vaternahm.de, Mo.–Fr. 9.30–18.30, Sa. 9.30–16 Uhr. Alteingesessener Buchladen mit einer großen Auswahl an regionaler Literatur.

80 [D3] **Buchhandlung Hugendubel,** Kirchgasse 47, Tel. 0611 37588000, www.hugendubel.de, Mo.–Sa. 10–19 Uhr. Großbuchhandlung mit breitem Angebot.

Mode

81 [E3] **Corinna Knoll**, Wilhelmstr. 40, Tel. 0611 36026706, www.ck-fashion.de, Mo.–Fr. 10–19, Sa. 10–18 Uhr. Aktuelle Mode von Marc Cain bis Gerry Weber.

82 [B5] **Galatea Ziss**, Kaiser-Friedrich-Ring 8, Tel. 0611 51050770, www.galatea-ziss.de. Maßgeschneiderte Mode aus nachhaltigen Materialien.

83 [D2] **Lilli und Bubbi**, Obere Webergasse 54, Tel. 0611 51039632, http://lillibubbi.de, Mo.–Fr. 10–13 u. 14–18, Sa. 10–17 Uhr. Ökologisch ausgerichteter Laden, der Kleidung und Schuhe für Kleinkinder anbietet, aber auch Spielzeug und alles für die Babypflege.

84 [D1] **Luvgreen,** Saalgasse 14, Tel. 0611 51051964, https://luvgreen.de,

Mo.-Fr. 10-18, Sa. 10-16 Uhr. Ladengeschäft eines kleinen Ökolabels, das sich dem fairen Handel verschrieben hat. Im Angebot sind saloppe Damen- und Herrenkleidung sowie Accessoires wie Sonnenbrillen aus Holz.

85 [C7] **Schönwetterfront**, Scheffelstraße 3, Tel. 0611 16883597, www.schoenwetterfront.de, Di., Do. 16-18.30 Uhr. Kleines, auf die Fertigung von Hawaiihemden spezialisiertes Label, zum Angebot gehören aber auch T-Shirts und Hoodies. Individuelle Mode, die ihren Preis hat.

86 [E2] **Schuhatelier Ibrahim Demir,** Webergasse 1, Tel. 0611 3415342, www.schuh-demir.de, Mo.-Fr. 9-19, Sa. 9-16 Uhr. Handgearbeitete und maßgeschneiderte Schuhe aus Kalbs-, Pferde- oder Straußenleder. Alles Unikate zu Preisen bis zu 1500 Euro.

Antiquarisches und Secondhand

87 [ck] **Fast wie neu,** Otto-Wallach-Straße 16, Tel. 0611 9530550, www.fastwieneu-wiesbaden.de, Mo.-Fr. 10-18.30, Sa.10-15 Uhr. Kommunal gefördertes Second-Hand-Kaufhaus mit großem Angebot an Möbeln, Textilien, Hausrat und elektrischen Artikeln.

88 [E2] **Ihr Uhrenspezialist, Meisterwerkstatt Roven Bottke,** Webergasse 5, Tel. 0611 521137, www.ihr-uhrenspezialist.de, Mo.-Fr. 9-13 und 14-18.30, Sa. 9-14 Uhr. Werkstatt mit ausgefallenen alten und neuen Uhren. Hier wird auch (fast) jedem geholfen, dessen Zeitmesser Probleme macht.

89 [B4] **Oxfam Shop Wiesbaden,** Dotzheimer Str. 19, Tel. 0611 3369702, www.oxfam.de, Mo.-Fr. 10-18, Sa. 10-14 Uhr. Wiesbadener Zweigstelle des internationalen Secondhand-Ladens. Großes Angebot an Textilien, deren Verkaufserlös Bedürftigen zugutekommt.

Souvenirs nicht nur für Süßmäulchen

90 [ai] **Engelwurz Himmelsküche**, Zum Grauen Stein 10, Tel. 0611 4118302, www.engelwurz-manufaktur.de. Verkauf nach telefonischer Absprache. Die kleine Manufaktur in Frauenstein bietet feinste Marmeladen wie Erdbeer-Cassis, Blutorange-Aperol oder Quitte-Ananas. Die Produkte der Himmelsküche sind auch auf dem großen Wiesbadener Wochenmarkt am Hepa-Kaffeestand erhältlich.

91 [E4] **Fritz Kunder GmbH,** Wilhelmstr. 12, Tel. 0611 36054390, www.kunder-confiserie.de, Mo.-Fr. 9-18, Sa. 9-16 Uhr. Traditionsreiche Confiserie mit selbstgemachten Pralinen und anderen Schokoprodukten. Spezialität des Familienbetriebs sind die „Wiesbadener Ananastörtchen".

92 [A3] **Haselnuss Hofladen**, Yorckstraße 19, Tel. 0611 400646, www.haselnusshofladen.de. Mo.-Fr. 8-18.30, Sa. 8-14 Uhr. Kleiner Bioladen im Westend, der seine Waren großteils von Erzeugern aus dem Umland bezieht. Er bietet auch Frühstück und mittags einen kleinen Imbiss an - bei gutem Wetter auch draußen vor der Tür.

93 [D3] **L'Art Sucre,** Marktstr.9, Tel. 0611 1357233, www.lartsucre.com, Mo.-Fr. 10-19, Sa. 10-18, So. 11-18 Uhr. Mit feinster Patisserie verwöhnt die Manufaktur alle Süßmäulchen. Spezialität sind Dessertkreationen wie eine weiße Schokoladenmousse mit Veilchen, Cassiskompott und Périgord-Walnuss-Biskuit.

Wein und Apfelwein

94 [fh] **Rainer Emmel,** Schultheißstr. 16, Tel. 0611 503597, www.apfelweinkelterei-emmel.de, Fr. 15-18 Uhr. Seit 1960 verarbeiten die Emmels im Vorort Bierstadt Früchte der Region zu naturtrübem Apfelwein. Verkauft wird das „Stöffche“ frisch vom Fass, auch ein Apfel-Secco ist im Angebot. In den Sommermonaten wird der Apfelwein auch mit kleinen Speisen auf dem Hof serviert (Do.-Sa. ab 17 Uhr).

95 **Weingut Frosch,** Steigweg 17, Tel. 0177 6494300, www.weingut-frosch.de, Mo.-Fr. 14-18.30, Sa. 10-14 Uhr. Weingut im Vorort Kostheim. Im Angebot: Riesling, Spätburgunder und Gewürztraminer, aber auch Sekt und frische Perlweine wie der „Rheingauer Leichtsinn“, ein Riesling-Secco.

96 [aj] **Weingut Udo Ott,** Quellbornstr. 95, Tel. 0611 4280102, www.weingut-ott.de, Mi.-Fr. 16-18, Sa. 10-15 Uhr. Rheingau-Weingut im Stadtteil Frauenstein. Riesling in fast allen Qualitätsstufen, dazu Chardonnay, Merlot sowie Grau- und Spätburgunder.

Märkte

Treffpunkt der Einheimischen ist zweimal wöchentlich der große **Wochenmarkt.** Jeden Mittwoch und Samstag laden **im Schatten der Marktkirche** 5 rund 80 Standbetreiber zum Einkaufsbummel. Im Angebot sind Obst, Kräuter und Gemüse aus der Region, aber auch Fleisch- und Wurstwaren, Wild und Geflügel, Fisch, Backwaren und andere Lebensmittel, viele davon Bio-Erzeugnisse wie Eier oder Honig. Auch die Vororte Biebrich, Bierstadt und Kostheim warten mit eigenen Wochenmärkten auf. Der wichtigste **Flohmarkt** findet von März bis Oktober (außer Mai) jeweils am dritten Samstag im Monat in der Straße Am Parkfeld in Biebrich statt.

97 [D3] **Wochenmarkt auf dem Dern'schen Gelände,** Mi./Sa. 7-14 Uhr

98 [dk] **Wochenmarkt Biebrich,** Marienplatz, Fr. 9-17.30 Uhr

99 [fh] **Wochenmarkt Bierstadt,** Kirchplatz, Venatorstraße, Fr. 10-15 Uhr

100 **Wochenmarkt Kostheim,** Winterstraße, vor Bürgerhaus, Do. 8-13 Uhr

Wochenmarkt auf dem Dern'schen Gelände

013wb Abb.: gs

Wiesbaden zum Durchatmen

Plätze zum Abschalten, zum Träumen und Entspannen hat Wiesbaden mehr als genug: Offiziell weist die Stadt mehr als 130 Grünanlagen mit mehr als einer Million Quadratmetern Fläche aus, dazu fast noch einmal so viel Raum auf den 22 Friedhöfen der Stadt. Hinzu kommt der riesige Stadtwald im Westen und Norden, der fast ein Viertel des Stadtgebiets ausmacht. Am wichtigsten aber sind die schon zu wilhelminischen Zeiten angelegten Erholungsgebiete.

So stehen **Kurpark** 13 und **Neroberg** 19, wo es neben einem Waldlehrpfad auch einen Kletterwald gibt, ganz oben auf der Freizeitliste. Ein schönes Plätzchen zum Auftanken sind auch der **große Park hinter dem Biebricher Schloss** 29 – oder die **Uferpromenaden** in **Biebrich** 28, **Kastel** 31 und **Schierstein** 30, die das ganze Jahr über zum Bummeln und Spazierengehen laden. Das neuste grüne Paradies ist das renaturierte **Wellritztal** 34, das unterhalb des Klosters Klarenthal beginnt.

Zu den wichtigsten grünen Lungen Wiesbadens gehört das **Nerotal** 17 mit seinen Parkanlagen, die längst unter Denkmalschutz stehen. Sie wurden Ende des 19. Jahrhunderts nach dem Vorbild englischer Landschaftsgärten für die Kurgäste angelegt und zählten damals fast 6000 Pflanzen aus aller Herren Länder. Viele Pflanzen bietet auch das **Aukammtal** zwischen Kurpark und Bierstadt. Hier wurde in den 1970er-Jahren eine Parkanlage geschaffen, durch die der Aukammbach in einem künstlich geschaffenen Lauf fließt.

Rund 250 Heilpflanzen wachsen im „Apothekergarten" mit seinen mittelalterlichen Klostergärten nachempfundenen Beeten. Schilder nennen die Namen der Pflanzen und verraten ihre heilende Wirkung etwa bei Leber- und Gallenbeschwerden, Verdauungs- oder Herzproblemen. Ein Bienenlehrpark informiert über Leben und Nutzen der Bienenvölker.

• **101** [fh] **Apothekergarten**, Aukammallee 39, im Sommerhalbjahr tgl. 8–20 Uhr geöffnet, von Ende Mai bis Ende Sept. Sa. um 15 Uhr kostenlose Führungen

Am Schiersteiner Hafen 30 lässt es sich wunderbar entspannen

Ganz nostalgisch geht es im **Luft- und Sonnenbad Unter den Eichen** (s. S. 122) – von den Einheimischen liebevoll schlicht „Lufti" genannt – im Norden von Wiesbaden zu. Große, von Bäumen gesäumte Liegeflächen locken schon im Frühjahr die ersten Sonnenanbeter an. Für Anhänger der Freikörperkultur gibt es für Männer und Frauen getrennt ausgewiesene Freiflächen. Zur Ausstattung gehören auch ein Familienbad mit Wassertretbecken, Tischtennisplatten sowie Badminton- und Volleyballfelder. Viel frische Luft bieten auch die Täler in Wiesbadens Norden – so wie das **Goldsteintal**, das zum Teil als Landschaftspark ausgewiesen ist.

Mitten im Rhein liegt die **Rettbergsaue** [c/dk]. Viele seltene Vögel und Pflanzen haben hier eine Heimat gefunden, weshalb das Inselgebiet gegenüber von Biebrich und Schierstein großteils Naturschutzgebiet ist. Im Sommer sind die weißen **Sandstrände am Rheinufer** ein echter Publikumsmagnet. Neben Fußballplätzen locken dort auch Spielflächen für Volley- und Basketballer sowie einige Grillplätze und ein kleines Inselcafé. Auch Zeltplätze gibt es, die man jedoch mindestens drei Tage im Voraus reservieren muss. Die Anreise erfolgt mit der Personenfähre „Tamara" (http://www.volker-reitz.de). Schierstein 30 ist ihr Heimathafen.

Von den vielen Wiesbadener **Friedhöfen** ist der Nordfriedhof für Städte-Bummler einer der interessantesten. Der 1877 geschaffene Begräbnispark ist ein Refugium der Ruhe, besitzt zahlreiche denkmalgeschützte Gräber und noch mehr wertvolle Bäume und Sträucher.

•102 [dg] **Nordfriedhof,** Platter Str. 83

Zur richtigen Zeit am richtigen Ort

Wiesbadens Festleben ist bunt und vielfältig. Großveranstaltungen bringen Jahr für Jahr Hunderttausende von Menschen auf die Beine. Den größten Zulauf hat der Weihnachtsmarkt, der in Wiesbaden Sternschnuppenmarkt heißt. Er ist inzwischen auch Ziel von Bustouristen, die für ein paar Stunden zu Füßen der Marktkirche Weihnachtsluft schnuppern wollen. Weitere Höhepunkte im Festreigen sind das Wilhelmstraßenfest und die Rheingauer Weinwoche, die alle Freunde eines guten Tropfens im Herzen der Stadt vereint. Zu Pfingsten trifft sich die Weltelite der Reiter rund um das Biebricher Schloss zum Wettstreit. Gefeiert wird aber auch gern in den Vororten, wo es besonders volksnah zugeht. Einen ausführlichen, tagesaktuellen **Veranstaltungskalender** gibt es unter www.wiesbaden.de/leben-in-wiesbaden/freizeit/veranstaltungskalender.

Frühling und Sommer

- **Ostermarkt:** Zwei Wochen vor Ostern treffen sich Jung und Alt rund um den Mauritiusplatz zum Einkauf von Ostergeschenken, die an knapp einhundert Ständen angeboten werden (März/April, www.wiesbaden.de).
- **goEast – Festival des Mittel- und Osteuropäischen Films:** Das 2001 vom Deutschen Filminstitut gegründete Filmfestival ist ein gewichtiger Mittler zwischen west- und osteuropäischer Filmkunst (April, www.filmfestival-goeast.de).
- **Internationale Maifestspiele:** Angesehenes Theaterfestival mit über 100-jähriger Tradition. Im Angebot sind Schauspiel, Oper, Konzerte, Musicals und Tanzthea-

021wb Abb.: gs

ter, aber auch Comedy, Autorenlesungen und Filmvorführungen (April/Mai, www.maifestspiele.de).

- **Internationales Wiesbadener PfingstTurnier:** Im Biebricher Schlosspark trifft sich traditionell über Pfingsten die Weltelite der Spring- und Dressurreiter, ein gesellschaftliches Ereignis von Rang (Pfingsten, www.pfingstturnier.org).
- **Wilhelmstraßenfest (Theatrium):** Die Wilhelmstraße als Festmeile, zwei Tage Feier rund um das Staatstheater. Zum Programm gehören Konzerte und ein großer Kunsthandwerksmarkt (Juni, www.wiesbaden.de).
- **Wiesbadener Sommergarten:** Kultur und Unterhaltung, von Gastronomie und Kunsthandwerksständen umrahmt auf dem Mauritiusplatz (Juni–August tgl. 10–22 Uhr, www.wiesbaden.de)
- **Rheingau Musik Festival:** Mit mehr als 100.000 Besuchern ist die Veranstaltung eines der renommiertesten internationalen Musikfestivals. Spielstätten sind Hallen, Kirchen, Weingüter und Konzertsäle in Wiesbaden und im Rheingau (Juni–August, www.rheingau-musik-festival.de).

Bei der Rheingauer Weinwoche gibt es rund ums Rathaus Musik

- **Schiersteiner Hafenfest:** Traditionell feiert Schierstein mit Bootskorso und Drachenbootregatta sein Hafenfest. Krönung des Festwochenendes ist ein Feuerwerk am Montagabend (Juli).
- **Rheingauer Weinwoche:** Musik- und Unterhaltungsprogramme treiben Tausende zu den über einhundert Wein- und Sektständen rund um die Marktkirche, da können Sommerabende recht lang werden (August, www.rheingau.de).

MEIN TIPP

Der erste Kaffee

Wiesbadens traditionsreichstes Café lockt seit 1859 die Genießer inmitten der Stadt. Hier lebt noch immer der Geist der wilhelminischen Kurstadt. Nicht Reisegruppen geben hier den Ton an, sondern Individualisten, die oft erst aufstehen, wenn die Mehrheit schon längst angefangen hat zu arbeiten. Nostalgie mischt sich im Maldaner mit Wiener Charme. Da reicht es manchem auch, zu seinem Kaffee nur die Tageszeitung zu lesen. Frühstück light sozusagen – kalorienarm und bildungsreich.

103 [D3] **Café Maldaner,** Marktstr.34, Tel. 0611 305214, www.cafe-maldaner.de, Mo.–Sa. 9–17.30, So. 9.30–17.30 Uhr

Herbst und Winter

- **European Youth Circus:** Alle zwei Jahre (2022, 2024 etc.) – geben sich junge Artisten auf dem Dern'schen Gelände ein Stelldichein – eine der renommiertesten Artistenbörsen Europas (Oktober, www.wiesbaden.de/circusfestival).
- **Silvester im Kurhaus:** Mit einer großen Party feiert Wiesbaden ins neue Jahr. Traditioneller Treffpunkt ist das Kurhaus (31.Dez., www.wiesbaden.de).
- **Fastnacht:** Närrisches Treiben in der Stadt und ihren Vororten mit Sitzungen, Umzügen und Bällen. Höhepunkte des Straßenkarnevals sind die Umzüge am Samstag in Kastel und am Sonntag in Wiesbaden (Februar oder März, www.dacho.de).
- **Fernsehkrimi-Festival:** Einmal jährlich kürt Wiesbaden die besten Fernsehkrimis des Jahres und bietet ein vielfältiges Rahmenprogramm (März, www.wiesbaden.de).

Sternschnuppenmarkt

Er ist noch nicht sehr alt und trotzdem schon traditionsreich: der Wiesbadener Sternschnuppenmarkt. Bundesweit gilt er als einer der schönsten Weihnachtsmärkte. Von Ende November an lockt die riesige Budenstadt um Marktkirche 5 und Neuem Rathaus 3 die Massen. Vier gewaltige Portale, flankiert von meterhohen, leuchtenden Lilien, den Zeichen des Wiesbadener Stadtwappens, weisen den Weg zum Markt. Die Buden sind blau und golden und damit in den traditionellen Farben der Grafen von Nassau, die Wiesbaden über Jahrhunderte regierten, gestrichen.

Der Markt öffnet täglich um 10.30 Uhr und sonntags um 12 Uhr seine Pforten. Christbaumkugeln und Rauschgoldengel gibt es zu kaufen, wärmende Kleidung und Schmuck aller Art: von der Bernsteinkette bis zum Silberarmband, von der einfachen Glasperle bis zum teuren Opal. Händler aus Nordafrika offerieren orientalische Lampen, Keramik und Accessoires. Engel und Krippenfiguren gibt es gleich massenweise, ebenso Christbaumschmuck für jeden Geldbeutel. Leckerschlecker finden selbst gebrannte Liköre, hausgemachte Weihnachtsplätzchen und Stollen, feinsten Senf und andere Gewürze, Honig, Pralinen oder geräucherte Würste.

Hungern oder gar Verdursten muss niemand. So sorgen mehr als ein Dutzend Stände für das leibliche Wohl. Glühwein wird in jährlich neu gefertigten Tassen ausgeschenkt, die wegen ihrer Stadtmotive längst Sammlerwert haben. Bratwürste und Grillspezialitäten ersetzen Mittag- oder Abendessen. Süßmäuler können sich auf Kaiserschmarrn oder Crêpes freuen. Und natürlich hilft das eine oder andere Schnäpschen bei der Verdauung.

Treffpunkt der Sternschnuppenmarkt-Bummler ist der rund 25 Meter hohe Weihnachtsbaum neben der Krippe mit ihren lebensgroßen Holzfiguren. Mittags und abends sorgen Chöre und Orchester für musikalische Abwechslung, Posaunen, Flöten und Trompeten stimmen auf Weihnachten ein. Schul- und Kinderchöre singen besinnliche Lieder. Märchenerzähler und Zauberer halten nicht nur Kinder bei Laune. Und in der Marktkirche gibt es täglich um 17.45 Uhr ein kleines Orgelkonzert, dem eine kurze Adventsandacht folgt.

› Ende Nov.–Dez., www.wiesbaden.de

077wb Abb.: gs

Wiesbaden – ein Porträt

Wilhelminische Prachtbauten und Boulevards, ein markantes Kurhaus, eine Russisch-Orthodoxe Kirche, ein renommiertes Staatstheater, ein mit Millionenaufwand renovierter Bahnhof, ein aufgemöbeltes Stadtschloss und eine mehr als hundert Jahre alte Bergbahn auf den Neroberg, Wiesbadens Hausberg, prägen heute das touristische Bild der Stadt. Aus dem frühmittelalterlichen Wisibada, einer landwirtschaftlich geprägten Siedlung zu Füßen des Taunus, ist längst eine stolze Landeshauptstadt geworden: eine multikulurelle Metropole mit fast 300.000 Einwohnern aus rund 170 Nationen mitten im Rhein-Main-Gebiet.

◁ *Vorseite: So mancher Türschmuck in Wiesbadens Altstadt verströmt noch den Historismus vergangener Tage*

▽ *Das am Rhein gelegene Schloss Biebrich* ㉙ *gehört zu den sehenswertesten Bauten der Stadt*

Weniger großstädtisch geht es in den vielen Vororten zu, welche die Stadt umschließen. So streckt Wiesbaden seine Fühler im Westen bis weit in den Rheingau und im Osten Richtung Frankfurt aus. Im Norden bilden die **Taunusberge** und im Süden der **Rhein** die natürliche Grenze. Ausgedehnte **Wälder** gehören ebenso zur Stadt wie **Wiesen** und **Uferpromenaden.** Auf mehr als 10 Kilometern bildet allein der Rhein die Stadtgrenze, jener Strom, den der Taunus zu einem scharfen Knick nach Westen zwingt, ehe er bei Bingen seinen Weg Richtung Norden fortsetzen kann.

Die fast zwei Dutzend **Vororte** Wiesbadens wurden alle erst im letzten Jahrhundert eingemeindet und sind heute zu einem Großteil mit der Kernstadt verwachsen. **Sonnenberg** und die am Rhein gelegenen Gemeinden **Schierstein** und **Biebrich** wurden 1926 als erste eingemeindet – zum Unmut der Mainzer, die neidisch waren, dass Wiesbaden jetzt erstmals auch am Rhein lag. Zwei Jahre später

kamen Bierstadt, Dotzheim, Erbenheim, Frauenstein, Heßloch, Igstadt, Kloppenheim und Rambach hinzu, damals fast allesamt kleine Dörfer. Die sogenannten AKK-Gemeinden – Amöneburg, Kastel und Kostheim, die einst zu Mainz gehörten – schlug die amerikanische Besatzungsmacht nach Kriegsende der Wiesbadener Verwaltung zu. Und 1977 kamen schließlich noch Auringen, Breckenheim, Delkenheim, Medenbach, Naurod und Nordenstadt hinzu, wodurch sich Wiesbaden noch einmal kräftig Richtung Osten streckte.

Den **Kern der Stadt** bilden die sechs Ortsbezirke Mitte, Nordost, Südost, Westend, das sogenannte Rheingauviertel und Klarenthal im Wiesbadener Norden, das sich selbstbewusst „Das grüne Tor nach Wiesbaden" nennt. Die Siedlung für über 10.000 Einwohner wurde in den 1960er-Jahren auf einer freien Ackerfläche sozusagen aus dem Boden gestampft.

Neben Frankfurt, Darmstadt und Mainz gehört Wiesbaden zu den **Kernstädten des Rhein-Main-Gebiets**, in dem sich bald sechs Millionen Menschen ballen werden. Auch wenn das Wiesbadener Westend als eines der am dichtest besiedelten deutschen Viertel gilt, leben im gesamten Stadtgebiet mit seinen vielen Wald- und Wiesenflächen nur knapp 1400 Einwohner je Quadratkilometer.

Und noch ein paar Fakten für Statistikfreunde: Der **höchste Punkt der Stadt** liegt mit genau 608 Metern in der Nähe der Hohen Wurzel auf dem

Die Stadt in Zahlen

- **Einwohner:** 290.000
- **Einwohner/km²:** 1366
- **Fläche:** 203,9 km²
- **Höhe ü. M.:** 115 m
- **Kfz-Kennzeichen:** WI

KURZ & KNAPP

Originalton

„Das ist meine Fünfsternestadt: Wasser, Wiesen, Wälder, Wein und Wohlbehagen."
Helmut Schön, ehemaliger Fußball-Bundestrainer

022wb Abb.: as©World travel images

Rheinhöhenweg im Taunus. Der **tiefste Punkt** ist die Hafeneinfahrt von Schierstein mit 83 Metern über Normalnull. Das gesamte **Stadtgebiet** hat eine Größe von 204 Quadratkilometern und misst von Nord nach Süd 17,6 Kilometer und von West nach Ost 19,7 Kilometer.

Von den Anfängen bis zur Gegenwart

Auch wenn die Stadt schon zur Römerzeit besiedelt war, zu einer richtigen Metropole wurde Wiesbaden erst 1905, als man die Grenze von 100.000 Einwohnern knackte. Jahrhundertelang zeigte sich das frühmittelalterliche „Wisibada" mehr als Dorf denn als Stadt und Kaiser und Könige machten meist nur auf der Durchreise Station. Erst im wilhelminischen Zeitalter rückte das „Nizza des Nordens" in den Blickpunkt der Weltöffentlichkeit, als Deutschlands Kaiser hier Hof hielten.

Zwar siedelten in der Region schon zur Jungsteinzeit erstmals Menschen, greifbar aber wird Wiesbadens Geschichte erst mit den **Römern.** Schon die schätzten die heißen Quellen zu Füßen des Taunus, was den Bau von Thermen und einer kleinen Siedlung zur Folge hatte. Als **Aquae Mattiacorum** fand diese Erwähnung. Der Name verwies auf die Mattiaker, einen mit den Römern verbündeten germanischen Stamm. Es war die erste Blütezeit Wiesbadens. Der Limes, ein gewaltiger Grenzwall, schützte die Römersiedlung vor feindlichen Angriffen – bis sie Mitte des 3. Jh. von den Alemannen überrannt wurde.

Geläutert durch die kriegerische Attacke schützten die Römer ihre Siedlung mit der sogenannten **Heidenmauer** 8, dem ältesten heute noch erhaltenen Bauwerk Wiesbadens. Spätestens mit dem Untergang des weströmischen Reichs aber waren die Tage der Römer gezählt. Mitte des ersten Jahrtausends übernahmen die christlich geprägten Franken die Herrschaft. Aus dem römischen Aquae Mattiacorum wurde **Wisibada,** das heutige Wiesbaden. Erstmals erwähnte Einhard, der Berater und Biograf Karls des Großen, diesen Namen Mitte des 9. Jahrhunderts.

Große Schlagzeilen machte Wiesbaden im Mittelalter nicht. Das Dorf im fränkischen „Königssondergau" war gewöhnlich nur als *villa in finibus Magontiae,* also als Dorf in der Umgebung von Mainz, bekannt. Schließlich übernahmen die **Grafen von Nassau** als Lehensträger des Königs die Herrschaft – und mit ihnen kam der protestantische Glaube, als am 1. Januar 1543 ein lutheranischer Eiferer zum Stadtpfarrer Wiesbadens ernannt wurde. Damals wurden die hinteren Kirchenbänke zu sogenannten „Ehebrecherstühlen" erklärt, auf denen alle Platz nehmen mussten, die sich „mit groben Lastern, sonderlich mit Sünden wider das sechste Gebot beflecket" hatten. Es war der Anfang einer Entwicklung, die Wiesbaden als protestantische Stadt bis heute prägt.

Mit dem **Bau des Alten Rathauses** 2 Anfang des 17. Jahrhunderts zeigte Wiesbaden erstmals Selbstbewusstsein – auch wenn die Stadt damals noch immer **bäuerlich geprägt** war. Mehr als die Hälfte der Bevölkerung besaß Schweine, Kühe, Pferde oder Schafe. Vieh, das morgens aus der Stadt und abends wieder heimgetrieben wurde. Dieses Bild bestimmte anfangs auch das Leben in der **Kurstadt,** die sich mit dem Bau von Theatersälen und Kuranlagen bis Mitte des 19. Jahrhunderts schließlich zur „Welt-Cur-Stadt“ mauserte.

1866 verlor Wiesbaden seinen Status als Hauptstadt des souveränen Herzogtums Nassau. Als **kreisfreie Stadt im preußischen Reich** kam aber jetzt der große Aufschwung. Offiziere, Beamte und wohlhabende Rentner entdeckten Wiesbaden als Alterssitz. Vornehme Villen entstanden, repräsentative Bürgerhäuser und prunkvolle Flanieranlagen. Bis zum Ersten Weltkrieg stieg die Zahl der Gäste auf mehr als 200.000 Besucher jährlich an.

Mit Beginn des **Ersten Weltkriegs** verwandelte sich Wiesbaden von der Kur- in eine Lazarettstadt. Statt zahlungskräftiger Kurgäste wurden an der Front Verwundete betreut. Gäste blieben aus, viele reiche Rentner zogen fort, die Stadt wurde ärmer. Daran änderten auch zahlreiche Eingemeindungen in den 1920er-Jahren wenig. Zu leiden hatte Wiesbaden auch in der anschließenden **Weltwirtschaftskrise.** Zehntausende lebten jetzt von Sozialhilfe oder anderer öffentlicher Unterstützung. Ein politisches Klima, in dem die **Nationalsozialisten** an die Macht gelangten, die jedem Arbeit und damit ein Einkommen versprachen. Bei der Reichstagswahl 1933 wählte jeder zweite Einwohner die Partei Hitlers.

Nach dem Zweiten Weltkrieg besetzten 1945 US-Truppen die Stadt und schlugen die rechtsrheinischen, ehemaligen Mainzer Vororte Amöneburg, Kastel und Kostheim Wiesbaden zu. Wenig später machte General Eisenhower Wiesbaden zur Hauptstadt Groß-Hessens, aus dem schließlich das neue **Bundesland Hessen** wurde. Gegenüber seinem Konkurrenten Frankfurt konnte Wiesbaden damals mit seiner Infrastruktur punkten, hatte der Krieg der Stadt doch weit weniger Zerstörung gebracht als andernorts. Ein Standortvorteil, der auch mit der Ansiedlung zweier Bundesbehörden belohnt wurde: dem Statistischen Bundesamt und dem Bundeskriminalamt.

Im Wettbewerb mit anderen deutschen Metropolen positionierte sich Wiesbaden in der Nachkriegszeit als **Messe- und Kongressstadt.** Zudem entdeckten immer mehr **Dienstleister** wie Banken oder Versicherungen, aber auch **moderne Technologiefirmen** die Stadt. Zur wirtschaftlichen

Drei Lilien – Wiesbadens Stadtwappen

Das offizielle Stadtwappen Wiesbadens zeigt einen Schild mit drei gelben Lilien auf blauem Grund. Ursprünglich zierte ein goldener Löwe im blauen Feld die städtischen Wappen und Siegel. Den sogenannten nassauischen Löwen aber wertet die Wissenschaft heute nicht als stolzes Zeichen städtischen Selbstbewusstseins, sondern als Symbol der Abhängigkeit von den Landesherren, den nassauischen Grafen. Um sich von denen abzugrenzen, schuf man im frühesten 16. Jahrhundert ein neues Stadtsiegel, das neben dem Löwen drei große Lilien zeigte. Darin wollen nicht nur Lokalpatrioten das erste Zeugnis eines eigenständigen Wiesbadener Wappens sehen. Wie auch immer: Mit der Zeit jedenfalls verschwand der Löwe aus dem Stadtwappen, bis er 1905 auch ganz offiziell aus dem städtischen Wappen verbannt wurde.

023wb Abb.: gs

Stabilität trugen auch die vielen Hunderttausend **US-Soldaten** bei, die seit Kriegsende in Wiesbaden und Umgebung stationiert waren, vor allem auf dem Militärflughafen Erbenheim, von wo während der Berlin-Blockade die sogenannten Rosinenbomber zu ihren Versorgungsflügen starteten.

Heute bietet Wiesbaden mehr als 140.000 sozialversicherungspflichtige Arbeitsplätze, dazu Zehntausende anderer Jobs. Acht von zehn Beschäftigten arbeiten im Dienstleistungsbereich, nur jeder Zehnte im verarbeitenden Gewerbe. Mit gut 27.000 Euro je Einwohner gehört Wiesbaden zu den Städten mit **überdurchschnittlich hoher Kaufkraft.** Noch, muss man aber dazusagen, denn der wirtschaftliche und demografische Wandel wird auch Wiesbaden in den nächsten Jahrzehnten vor neue Probleme stellen.

Stadtgeschichte in Zahlen

50: Plinius erwähnt die heißen Quellen der Mattiaker.

um 370: Bau der römischen Heidenmauer

965: Kaiser Otto der Große besucht die Stadt.

1236: Kaiser Friedrich II. feiert Pfingsten in Wiesbaden.

1379: Erste Erwähnung des Andreasmarktes

1442: Kaiser Friedrich III. macht Badeurlaub in der Stadt.

1488: Neubau der Mauritiuskirche

1550: Wiesbaden zählt rund 1000 Einwohner.

1609: Bau des alten Rathauses

1795: Erste Straßenlaternen erhellen die Stadt.

1806: Wiesbaden wird Hauptstadt des Herzogtums Nassau.

1814: Die Stadtpolizei verfügt erstmals ein Tempolimit: Kutscher dürfen nur Schritttempo fahren.

1825: Erstmals legt ein Dampfschiff in Biebrich an.

1848: 30.000 Bürger verlangen im Zuge der Märzrevolution mehr Rechte.

1866: Wiesbaden wird preußisch.

1882: Der große Kursaal wird erstmals elektrisch beleuchtet.

1894: Eröffnung des neuen Theaters, heute das Hessische Staatstheater

1905: Wiesbaden wird zur Großstadt.

1907: Einweihung des neuen Kurhauses

1934: Eröffnung des Opelbades

1945: Die amerikanische Militärregierung übernimmt die Verwaltung.

1950: Einweihung der wiederhergestellten Straßenbrücke von Kastel nach Mainz

2007: Erster Aufstieg des SV Wehen Wiesbaden in die Zweite Fußballbundesliga

2020: Eröffnung des RheinMain CongressCenters

2022: Wiesbaden feiert erstmals ein „Jahr des Wassers“ mit Veranstaltungen in der ganzen Stadt

Sagenhaft: Ekko und der Drache

Eine Stadtgeschichte ganz anderer Art beschreibt die Sage vom friedfertigen Riesen Ekko, der einst in der Gegend gelebt haben soll. Zu schaffen machte ihm nur ein böser Drache, der Feuer und Rauch spie und damit die Bäume und Sträucher in Brand setzte. Da dem riesigen Lindwurm auch viel anderes Unheil zugeschrieben wurde, beschloss Ekko eines Tages, den Drachen zu töten. Auf der Suche nach ihm soll er ein spöttisches Lachen aus der Tiefe vernommen haben. „Da unten muss die Drachenhöhle sein", dachte er und rammte seine Lanze, mit der er sich für den Kampf bewaffnet hatte, tief in den Boden. Immer und immer wieder – bis plötzlich eine gigantische Fontäne aus der Tiefe schoss. Heißes Wasser schnellte empor, das ihn verbrühte, sodass er von Schmerzen geplagt zu Boden ging und die Jagd nach dem Drachen aufgab.

Seitdem ist der Riese verschwunden. Mit seinen Lanzenstichen hatte er aber den Weg für Wiesbadens Thermalquellen frei gemacht und aus dem Abdruck seiner linken Hand, mit der er auf die Erde stürzte, formte er die Hügel und Täler Wiesbadens: An der Stelle, an der sich des Riesen Mittelhand ins Erdreich gebohrt hatte, entstand der Wiesbadener Kessel mit dem Quellenviertel. Wo sich seine vier Finger in den Boden gekrallt hatten, bildeten sich das Wellritztal, das Walkmühltal, das Nerotal und das Rambachtal, und aus dem Abdruck seines riesigen Unterarms entstand das Salzbachtal.

Der Drache aber, so endet die Sage, soll angeblich immer noch tief unter der Stadt sitzen und mit seinem feurigen Atem dafür sorgen, dass die Thermalquellen in Wiesbaden niemals erkalten. Ab März 2022 stehen sie im Mittelpunkt eines von der Stadt ausgerufenen „Jahres des Wassers", das zahlreiche Ausstellungen, Theaterstücke und andere Veranstaltungen zum Thema mit sich bringt.

Leben in Wiesbaden

„Virrercher", also Vettern, nennen sich die gebürtigen Wiesbadener gern. Mit diesem Etikett grenzen sie sich verbal von den „Hargeloffenen" ab, also den Zugezogenen. Hessisch ist die **Mundart** der Einheimischen, die sich mit „Ei Gu(u)de" oder mundfauler einfach nur „Gu(u)de" grüßen – das klassische „Guten Tag" ist zu Füßen des Taunus zu einer Kurzformel geschrumpft. „Mir sinn so kloore Kunne, wie jeder waaß", heißt es in einem Wiesbadener Mundart-Gedicht, „mir hann de beste Brunne und der is haaß. Mir hun de scheenste Strooße, so fei und braat" („Wir sind rechtschaffene Leute, wie jeder weiß, wir haben den besten Brunnen, und der ist heiß. Wir haben die schönsten Straßen, ganz fein und breit"). Das spiegelt Selbstbewusstsein wider, frei nach dem Motto „Uns steht de Himmel offe, mir traure nie,

Die Jupitersäule am Biebricher Rheinufer ist eines der wenigen Zeugnisse aus der Römerzeit – auch wenn sie nur eine Nachbildung des Originals ist

024wb Abb.: gs

mir sein nit hargeloffe, mir san von hie!"

Doch die alteingesessenen Wiesbadener werden immer weniger. Rund 40 Prozent aller Einwohner haben inzwischen einen **Migrationshintergrund**, fast jeder Vierte von ihnen hat einen ausländischen Pass. Gott sei Dank, sagen die Bevölkerungsstatistiker und verweisen darauf, dass die Migration dazu beiträgt, dass die Stadt nicht überaltert und der Dienstleistungsbereich floriert. Allerdings stagniert die Bevölkerungszahl inzwischen, die starken Zuwächse an Neubürgern sind vorbei.

„Diva" hat der Schriftsteller Lothar Schöne die Stadt einmal genannt: „Wies-ba-den! Das tönt wie eine Dreiklanghupe und scheint fortwährend zu rufen: Weißt du überhaupt, wo du bist? Schon die deutschen Kaiser und die russischen Zaren haben mich besucht, mich, Kurstadt, Flaniermeile, Park- und Promenadendomizil. Mit mehr als zwanzig Thermalquellen habe ich den Geld- und den echten Adel Europas aufgepäppelt ...". Ein **ungebrochenes Selbstbewusstsein** sagt man den geborenen Wiesbadenern gern nach, die ihren Kaffee nicht trinken, sondern „nehmen". Kaum ein Zufall ist wohl auch die hohe Dichte an Feinkostläden, Kosmetikgeschäften und Friseursalons in der Stadt. Schön auszusehen und gut zu leben, diese – vor allem Wiesbadens älteren Damen gern nachgesagte – Lebenseinstellung ist kein Zeichen übertriebener Arroganz, sondern aus der individuellen Geschichte einer Stadt gespeist, die mit ihren vielen Millionären einmal zu den reichsten in Deutschland gehörte.

Inzwischen aber sind auch in Hessens Hauptstadt immer mehr Menschen auf Sozialleistungen angewiesen. Auf der einen Seite erinnern die edlen Feinkostläden, Cafés, Restaurants, Schmuck- und Modegeschäfte an der Wilhelmstraße oder in der Umgebung des Kurviertels an Wiesbadens goldene Zeiten. Ungebrochen ist auch der Trend zum **Medizintourismus**, der jährlich viele Tausend zahlungskräftige Besucher – vor allem aus den arabischen Golfstaaten – nach Wiesbaden bringt. Andererseits schießen in anderen Vierteln, wie zwischen Schwalbacher Straße und Sedanplatz, Ein-Euro-Läden, Telefonshops, Nagelstudios und Imbissbuden wie Pilze aus dem Boden.

In Hessens Hauptstadt verstehen sich die meisten Menschen längst als **Weltbürger** und weniger als Lokalpatrioten. Das liegt vor allem an der politischen und konfessionellen Entwicklung. Während Mainz mit seinen barocken Prachtpalästen noch heute katholisch geprägt ist, spürt man in der einst preußischen Vorzeigestadt Wiesbaden noch immer den **Geist des Protestantismus.** Allerdings spielen die beiden großen christlichen Kirchen – Protestanten und Katholiken machen zusammen nur noch rund 40 Prozent der Bevölkerung aus – keine dominierende Rolle mehr.

Schon im 19. Jahrhundert übrigens war Wiesbaden ein **beliebtes Reiseziel:** Die Gästeliste las sich wie das „Who is who" des Abendlandes. So weilten Komponisten wie Carl Maria von Weber, Johannes Brahms, Richard Wagner, Franz Liszt, Gustav Mahler, Camille Saint-Saens oder Igor Strawinsky ebenso in der Kurstadt wie die Schriftsteller Honoré de Balzac, Johann Wolfgang von Goethe, Fjodor Dostojewski oder Thomas Mann. Manchmal schlugen sich ihre Aufenthalte direkt in ihren Arbeiten nieder. So schrieb Johannes Brahms in Wiesbaden die „Wiesbadener Sinfonie" und Richard Wagner Teile seiner Meistersinger. Goethe reflektierte im „West-östlichen Diwan" seine Erfahrungen in der Kurstadt, genau wie Dostojewski in seinem Roman „Der Spieler" und Thomas Mann in „Felix Krull". Ganz zu Hause in der Stadt fühlten sich auch der Jazzgitarrist und Zeichner Volker Kriegel, der Filmschauspieler Eddy Constantin und Helmut Schön, der als „Mann mit der Mütze" Deutschlands Kicker 1974 zur Weltmeisterschaft führte.

Heilende Quellen: Wiesbaden als Kurstadt

Auch wenn Wiesbaden offiziell keine Kurstadt mehr ist, im Bewusstsein vieler Besucher ist sie es noch immer. Das liegt an den mehr als zwei Dutzend kochsalzhaltigen Thermalquellen, die noch heute für Gesundheitsanwendungen genutzt werden – vor allem bei rheumatischen Leiden und Erkrankungen der Atemwege. Mit rund zwei Millionen Litern täglicher Förderung ist Wiesbaden nach Aachen das am stärksten sprudelnde deutsche Heilbad.

Als Erstes schätzten die **Römer** die **heißen Quellen** und ihre mineralischen Ablagerungen, wie sie sich am **Kochbrunnen-Springer,** einem Springbrunnen im Stadtzentrum, bis heute zeigen. Damals nutzte man die Ablagerungen zum Haarefärben und die Pomadekugeln aus **Aquae Mattiacorum** galten als beliebtes Reisemitbringsel. Auch im Mittelalter wurde in Wiesbaden gern heiß gebadet. Seine Thermalquellen speisten mehr als ein Dutzend Badehäuser. Und besonders gern wurde in den Bädern auch **gefeiert.** So schilderte der Theologe Heinrich von Langenstein (1325–1397), der längere Zeit im Kloster Eberbach lebte, Wiesbaden als einen **Ort der Lüsternheit.** „Man kommt in ausge-

◁ Der Kochbrunnen (10) ist Wiesbadens populärste Heilquelle. Wer will, kann das Wasser gleich an Ort und Stelle trinken.

KURZ & KNAPP

Originalton

„Das Wasser der Quellen ist meist klar, durchsichtig, nur bei einigen etwas ins Gelbliche spielend, entwickelt unaufhörlich Luftbläschen, besitzt einen faden, laugenhaft ammoniakalischen Geruch, ähnlich dem von gemischtem Kalk oder gekochten Eiern, und einen faden, leichtgesalzener Fleischbrühe ähnlichen Geschmack ...“
Meyers Konversationslexikon 1897

Der Kochbrunnen-Springer (s. S. 111) mit den charakteristischen rötlich-gelben Sinterablagerungen

076wb Abb.: gs

lassenster Stimmung mit Trompeten und Pfeifen, mit vollen Kasten und Flaschen, bringt die feinsten Speisen und Getränke mit, Geld in Menge und seltsame Kleider; und schon auf der Straße wird gespielt, gesungen und getollt, als ob man am Ziel die Freude der Glückseligkeit zu erwarten habe. Ist man dann angelangt, werden gemeinschaftliche Gelage veranstaltet, wobei man die Gesellschaft der Weiber sucht; denn wohl wäscht man im Bad den Leib, befleckt aber die Seele. Hat man das Bad verlassen, so schmettern die Trompeten, erklingen die Pfeifen, und es beginnen die Tänze. Da bieten sich dem keuschen Auge der Zuschauer die Schauspiele der Verderbtheit, nämlich die wollüstigen Gebärden, der schamlose Aufzug beider Geschlechter: barbusig die Frauen, unverhüllt um die Lenden die Männer – überall Ausschweifung, verletzend den reinen Sinn. Was man sieht, ist eitle Tändelei und Zerrüttung, nichts von Treue und Ordnung, nichts von Scheu und von Maß; vergessen ist Gott, verbannt jede Tugend; es herrscht nur Genußsucht, und es rast die Wollust ...“.

Die **Heilkraft des Wassers** war dem sittenstrengen Theologen damals keine Zeile wert. Die lieferte erst Mitte des 16. Jahrhunderts der Kosmopolit Sebastian Münster. Er bescheinigte dem Wiesbadener Wasser, dass es „dienet den gestarreten Nerven oder Adern, erwärmt die erkalteten und verschwechten Glieder und nimbt hinweg allen Wust, der sich an die Haut setztet von Geschwer und Raude.“ Damals ließ man die Kurgäste täglich bis zu zwei Stunden baden und bis zu „drei Maß“ Wasser trinken. Der Gesundheit, so weiß man heute, war das nicht förderlich, aber damals wusste man es einfach nicht besser.

Anfangs badeten alle Kurgäste nackt, Männer und Frauen gemeinsam. Im 17. Jahrhundert aber wurden die beiden Geschlechter „umb der Zucht und Ehrbarkeit willen“ im Wasser häufig getrennt und man verordnete Männern und Frauen **Badekleidung.** „Man badet sonderlich in der Gegenwart anderer Leute nicht nackend“, hieß es in einer Badeordnung, „sondern in einem Bade-Habit ...“

Im Lauf der Zeit wurde der **Badebetrieb** immer professioneller und kommerzieller, die Zahl der Erholungssuchenden stieg Jahr für Jahr. Vom 19. Jahrhundert an wurde das Kuren in Wiesbaden Mode wie heute der Urlaub auf Sylt oder die Partywoche auf Mallorca. „Wiesbaden“, schrieb eine Zeitung 1878, sei das „Conversationszimmer für das ganze reisende Europa“. Nicht Erholung war angesagt, sondern **gesellschaftliches Abenteuer.** „Beim Baden sei die erste Pflicht“, meinte übrigens auch Johann Wolfgang von Goethe, „dass man sich nicht den Kopf zerbricht, und dass man höchsten nur studiere, wie man das lustigste Leben führe“. Frankfurter Damen, erzählt man sich noch heute gern in der Rhein-Main-Region, hätten sich in ihren Eheverträgen garantieren lassen, einmal im Jahr zur Kur nach Wiesbaden zu dürfen – natürlich ohne ihre Männer.

Für das allgemeine **Amüsement** sorgten anfangs Spielsäle und Wanderbühnen. Später baute man ein Kurhaus, einen Kurpark, ein Thea-

Kurgast Goethe

1814 und 1815 weilte Johann Wolfgang von Goethe zweimal als Kurgast in Wiesbaden. Gleich mehrere Wochen lang, in denen er viele Eindrücke sammelte und nach „heilsamen Bade erfrischt und verjüngt“ zurückkehrte. Nach allem, was man weiß, tat die Kur dem alternden Literaten gut. „Erde, Himmel und Menschen sind anders, alles hat seinen heiteren Charakter und wird mir täglich wohltätiger“, schrieb er im August 1814 an seine Frau. Sonntagmittags zog es den Dichter gern nach Biebrich, wo er im Schloss mit dem Herzog Friedrich August tafelte. Dort feierte Goethe auch seinen 65. Geburtstag. Nach dem Tod seiner Frau plante der Literat 1816 einen weiteren Kuraufenthalt in Wiesbaden. Doch nach einem Achsbruch seiner Kutsche drehte er auf halbem Weg wieder um.

075wb Abb.: gs

⊡ *Goethe war gern in der Kurstadt zu Gast. Vor dem Museum Wiesbaden* **21** *erinnert ein Denkmal an ihn.*

026wb Abb.: gs

ter und eine wasserbetriebene Bergbahn auf den Neroberg. Anlagen allesamt, die dem gestiegenen Unterhaltungsbedürfnis der immer mondäner werdenden Kurgesellschaft Rechnung trugen. 1852 schmückte sich Wiesbaden schließlich mit dem Titel **„Welt-Cur-Stadt"**.

Nach dem Ersten Weltkrieg und dem Ende des Kaiserreiches verlor Wiesbaden aber langsam seinen Ruf und die Zahl der Kurgäste ging zurück. Auch wenn das Heilwasser gleich blieb, Glanz und Flair der Kaiserzeit waren verschwunden. Die Kur war jetzt medizinische Notwendigkeit und kein „Abenteuerurlaub" mehr. Das ist auch heute noch so, wie die große Zahl von Thermen, Kurkliniken, Krankenhäusern und privaten Gesundheitseinrichtungen zeigt. Für **Tagesgäste** stehen neben Hotel-Bädern wie im Schwarzen Bock (s. S. 127) zwei große Thermalbäder offen: die Kaiser-Friedrich-Therme (9) und das moderne Thermalbad Aukammtal mit seinem ganzjährig geöffneten Hallenbad und einem großen Saunabereich, der über ein Becken für Nacktschwimmer verfügt.

Noch immer kostenlos zu trinken gibt es das **Heilwasser** am Kochbrunnen (10), dem Bäckerbrunnen und dem Faulbrunnen, der seinen Namen dem typischen Schwefelgeruch verdankt. Getrunken hat Wiesbadens Thermalwasser eine spülende und entschlackende Wirkung. Verdauung und Stoffwechsel sollen so angeregt und Stoffwechselerkrankungen gelindert werden. Wunderkräfte aber haben auch Wiesbadens Thermen nicht. Im Übermaß genossen können sie der Gesundheit gar schaden!

› www.mattiaqua.de/quellen

S104 [eh] **Thermalbad Aukammtal,** Leibnizstr. 7, tgl. 8–22 Uhr, Saunen: tgl. 9–22 Uhr, Eintritt Thermalbad: Erwachsene ab 13 €, Kinder (3–15 Jahre) ab 7 €, Eintritt Saunen ab 23 €

Der Bäckerbrunnen (s. S. 26): eine von mehr als zwei Dutzend warmen Quellen in Wiesbaden

078wb Abb.: gs

An- und Rückreise

Wiesbaden ist aus allen Richtungen gut zu erreichen: per Schiene und Straße – oder mit dem Flugzeug. Innerhalb der Stadt und auch in die Vororte verkehren öffentliche Verkehrsmittel. Deshalb kommen Wiesbaden-Reisende, die nur die Stadt besuchen wollen, auch ohne eigenes Auto gut zurecht. Wer allerdings auch die Umgebung erkunden will und einen Abstecher in den Rheingau oder einen der Kurorte im Taunus plant, kann ein eigenes Fahrzeug gut gebrauchen.

Mit dem Auto

Die Anreise erfolgt in der Regel über die **Autobahnen,** die aus allen Richtungen bis an den **südlichen Rand der Innenstadt** führen. Wiesbaden und Mainz vereint eine gemeinsame **Umweltzone.** So dürfen nur noch Fahrzeuge mit der grünen Abgasplakette (EU-Norm 4) in die beiden Städte. Sie muss für jeden sichtbar an der Windschutzscheibe kleben. Ein **Hotelleitsystem** in den Farben Gelb, Rot und Blau führt den Besucher meist zielsicher mithilfe von Schildern zu seiner Unterkunft.

Aktuelle **Staus** in der Region meldet die Website des Hessischen Rundfunks:

› www.hessenschau.de/verkehr

[<] *Vorseite: Der Brunnen auf dem großen Platz vor Kasino und Kurhaus* (11)

Mit dem Zug

Eine bequeme und unter Umständen auch preisgünstige Alternative zum Auto ist die Anreise per Bahn. So gibt es nach Wiesbaden ein paar **Direktverbindungen,** z. B. von Köln. Alle anderen Verbindungen erfordern einen Umstieg in **Mainz oder Frankfurt.** Von dort verkehren mehrmals stündlich S-Bahnen nach Wiesbaden. Aus Hamburg oder Berlin braucht man knapp sechs Stunden bis in die hessische Landeshauptstadt, rund fünf Stunden währt die Fahrt von München. Die Anreise mit dem Flugzeug rechnet sich gegenüber dem Zug in Deutschland nur selten. Über die besten Verbindungen informieren die Websites der Bahn-Unternehmen:

› www.bahn.de
› www.sbb.ch
› www.oebb.at

Mit dem Bus

Für Reisende mit viel Zeit und alle Sparfüchse kommt auch der Bus zur An- und Abreise in Frage. Manchmal noch besser ist man **über Mainz oder Frankfurt** an das private Busnetz angebunden. Eine einfache und direkte Fahrt von Berlin oder München nach Wiesbaden kostet im besten Fall unter 20 Euro.

› www.flixbus.de

Mit dem Flugzeug

Der nächstgelegene Großflughafen ist der internationale **Flughafen Frankfurt,** der täglich von allen großen Städten in Deutschland, der Schweiz und Österreich angeflogen wird. Die **Weiterreise** von dort ist unproblematisch. Im Tiefgeschoss des Frankfurter Terminals 1 findet sich

048wb Abb.: gs

ein S-Bahnhof, von dem mehrmals stündlich Züge nach Wiesbaden verkehren. Die Fahrzeit mit der S-Bahn (S8 und S9) nach Wiesbaden beträgt eine gute halbe Stunde, der Fahrpreis 5,10 €. Über die genauen Abfahrtzeiten informieren:
› www.bahn.de
› www.rmv.de

Autofahren

Wiesbaden macht es Autofahrern nicht leicht. Viele Einbahnstraßen stellen Frauen und Männern hinter dem Steuer gelegentlich auf eine harte Geduldsprobe. Statt lange nach einem freien Parkplatz an der Straße zu suchen, steuert man deshalb am besten gleich gezielt ein Parkhaus an. Außerdem sollte sich jeder Autofahrer an die Geschwindigkeitsbegrenzungen halten, da entlang der Straßen in und um Wiesbaden viele feste Radarsäulen installiert sind.

Parken

Kostenlose Parkplätze gibt es im Stadtzentrum nur wenig. An einigen Ausfallstraßen gibt es **Park-and-Ride-Plätze,** von denen man mit dem Bus schnell und bequem in die Stadt kommt.
› www.wiesbaden.de/leben-in-wiesbaden/verkehr/auto/park-ride.php

Am besten parkt man aber in einem der mehr als ein Dutzend **Parkhäuser,** von denen die meisten rund um die Uhr offen sind. Ein **Parkleitsystem** informiert über die aktuelle Auslastung der Parkhäuser und Tiefgaragen. Zentrale Parkhäuser sind:

P105 [F2] **Kurhaus/Kasino,** Wilhelmstraße 49 oder Sonnenberger Straße 1

P106 [D4] **Markt,** Schillerplatz 2

› www.wiesbaden.de/leben-in-wiesbaden/verkehr/auto/parkhaeuser.php

Alle Zugreisen, auch die mit der S-Bahn, enden gewöhnlich im Wiesbadener Hauptbahnhof 23

Allgemeiner Pannennotruf

- **ACE:** Tel. 0711 530343536
- **ADAC:** Tel. 089 202040000
- **AvD:** Tel. 0800 9909909

Mietwagen

Alle gängigen **Mietwagenfirmen** haben im Großraum Wiesbaden Verleihstationen. Eine Alternative ist das **Car Sharing**, zum Beispiel mit einem Mobilitäts-Pass der Firma book-n-drive (www.book-n-drive.de). Auch die Bahn-Tochter „Flinkster – Mein Carsharing" (www.flinkster.de) und andere Anbieter halten in Wiesbaden Autos vor. Einen Mietwagen bucht man am besten schon von zu Hause aus, entweder direkt beim Verleiher oder über einen der Internet-Vermittler.

Barrierefreies Reisen

Die **An- und Abreise** stellt für Menschen mit einer Behinderung kein Problem dar. So gibt es nicht nur zahlreiche Behindertenparkplätze, sondern am Bahnhof auch einen Service, der nach Voranmeldung (Tel 0180 6512512) allen Betroffenen beim Ein- und Ausstieg hilft. Auch die **Stadtbusse** sind fast immer rollstuhltauglich. Wichtige Verkehrsampeln sind zudem mit **akustischen Signalanlagen** ausgestattet, die Sehbehinderten das Überqueren der Straßen erleichtern.

„Wiesbaden barrierefrei" heisst eine **Informations-Website der Stadt**. Mithilfe einer **App** erhält man außerdem detaillierte Informationen zu den Standorten von Behindertenparkplätzen, -WCs und barrierefreien Einrichtungen:

- www.wiesbaden-barrierefrei.de
- App Wiesbaden barrierefrei (kostenlos für iOS und Android)

Auch **Museen** und **öffentliche Einrichtungen** haben sich auf Menschen mit Handicap eingestellt. So bietet der Landtag 4 spezielle Führungen für Blinde und Sehbehinderte und in der Fasanerie 35 gibt es für Rollstuhlfahrer sogar eine spezielle Schaukel, die man im Rollstuhl nutzen kann.

Diplomatische Vertretungen

- **Österreichische Botschaft,** Stauffenbergstr. 1, 10785 Berlin, Tel. 030 26934280, www.bmeia.gv.at/oeb-berlin
- **Schweizerische Botschaft,** Otto-von-Bismarck-Allee 4A, 10557 Berlin, Tel. 030 3904000, www.eda.admin.ch/berlin

Geldfragen

Trotz seiner vielen exquisiten und teuren Läden ist ein Besuch in Wiesbaden **nicht kostspieliger als in vergleichbaren Großstädten.** Richtig ins Geld geht nur der Einkauf bei exklusiven Boutiquen, Schmuck- und Designerläden sowie der Besuch sternegekrönter Restaurants im Kurviertel. Richtig preiswert dagegen ist es im Westend 27 mit seinen Dönerläden und Ein-Euro-Shops. Alles in allem sollte man bei Übernachtung in der Innenstadt und ein paar Museums- oder Theaterbesuchen mit 130 bis 150 Euro täglich gut auskommen.

Informationsquellen

Infostellen in der Stadt

- 107 [E3] **Wiesbaden Tourist-Information,** Marktplatz 1, 65183 Wiesbaden, Tel. 0611 1729930, www1.wiesbaden.de/microsites/tourismus/service-kontakt/tourist-information.php, Mo.-Sa. 10-18, April-Sept. auch So. 11-15 Uhr
- **Info-Point im Wiesbadener Hauptbahnhof** 23, Tel. 0611 45022408, meist Mo.-Fr. 6-20, Sa. 10-17.30 Uhr

Wiesbaden im Internet

- **www.wiesbaden.de:** Die offizielle Internetseite der Stadt mit auch touristisch relevanten Informationen. Beachtenswert sind die vielen Seiten zur Stadtgeschichte.
- **www.sensor-wiesbaden.de:** elektronische Ausgabe des monatlich erscheinenden Wiesbadener Stadtmagazins „Sensor"
- **www.regioausflug.de:** einfach zu handhabender Planer für Wanderungen in und um die Stadt
- **www.wiesbadenaktuell.de:** lokales Nachrichtenmagazin
- **www.wiesbadener-kurier.de/freizeit:** Freizeittipps einer Wiesbadener Tageszeitung
- **www.wiesbaden.de/microsite/stadtlexikon:** Für historisch Interessierte hat die Stadt Wiesbaden ein eigenes Onlinelexikon ins Netz gestellt, das die Geschichte der Stadt und ihrer Menschen dokumentiert.

Wiesbaden-Apps

- **Wiesbaden +:** Wiesbaden Marketing bietet mit dieser App u. a. Informationen zu allen kulturellen und touristischen Angeboten der Stadt, einen Überblick über Parkmöglichkeiten und deren aktueller Auslastung sowie Tipps zu Hotels und Gastronomie (kostenlos für iOS und Android).
- **Kulturpfad:** Die App gibt Informationen zu mehr als 30 Wiesbadener Kultureinrichtungen und informiert über die Wege dorthin (kostenlos für iOS und Android).
- **ESWE Verkehr meinRad Wiesbaden:** Diese App erlaubt die Nutzung der orangefarbenen Mieträder, die übers Stadtgebiet verteilt sind (kostenlos für iOS und Android).
- **RMV Rhein-Main-Verkehrsverbund:** Die App enthält eine Fahrplanauskunft

Wiesbaden preiswert

- Richtig eingesetzt, lässt sich mit der **WiesbadenCard** viel Geld sparen. Sie **ist 48 Stunden gültig** und bietet freie Fahrt in allen öffentlichen Verkehrsmitteln in Wiesbaden und Mainz, außerdem ermäßigten Eintritt in verschiedene Museen, Schwimmbäder und andere Sport- oder Freizeiteinrichtungen. Zudem gibt es Rabatte auf Stadtrundgänge und Schiffsfahrten. Sie kostet als Einzelkarte 9,95 €, als Gruppenkarte für bis zu 5 Personen 19 €. Erhältlich ist die Karte bei der Tourist-Information (s. links), aber auch online (www1.wiesbaden.de/microsites/tourismus/reiseplaner/tourist-card-online.php).
- **Fürstlich speisen zu Extrapreisen** lässt es sich fast jeden Werktag, wenn einige der gehobenen Restaurants einen preiswerten Business-Lunch anbieten – etwa Das Manico (s. S. 88) oder das Chefstable by Martino Kitchen (s. S. 28).

Meine Literaturtipps

- Fjodor M. Dostojewskij, **Der Spieler,** Frankfurt 2005. In einem seiner wichtigsten Werke verarbeitet Dostojewskij seine Zeit in Wiesbaden, wo er im Kasino ein Vermögen verspielte. Ein Leben zwischen Eros und Machtgier, bei dem zuletzt die Spielsucht siegt.
- Manfred Gerber, **Das Kurhaus Wiesbaden,** Bonn 2007. Der von der Stiftung Denkmalschutz zum 100. Geburtstag des Kurhauses herausgegebene Prachtband erzählt die Geschichte eines der Wahrzeichen Wiesbadens – spannend und hintergründig sowie mit einmaligen Fotos.
- Britta R. Krebs, **Tod am Turm,** Nidderau 2011. Spannender Wiesbaden-Krimi um einen Weihnachtsmann, der an der Marktkirche tot aufgefunden wird.
- Karsten Eichner und Eva Wodarz-Eichner, **Die großen Wiesbadener: Bürger, Badegäste und Berühmtheiten,** Frankfurt 2010. Mehr als drei Dutzend Porträts von Frauen und Männern, die Geschichte schrieben – von Goethe bis Kaiser Wilhelm. Stadthistorie ganz persönlich!
- Lothar Schöne, **Diva und Domsgickel. Mainz und Wiesbaden – Rivalen am Rhein,** Bodenheim 2011. Interessantes Essay über die beiden Städte. Der Autor hat für jede der beiden Landeshauptstädte Sympathien und Antipathien. Da kommt man rechts und links des Rheins auf seine Lesekosten!
- Lothar Schöne, **Tote sterben gesünder,** Neu-Bamberg 2013. Hintersinniger Kriminalroman mit viel Witz und Lokalkolorit. Ein Kommissaren-Duo ermittelt in zwei scheinbar voneinander unabhängigen Mordfällen, die aber doch im Zusammenhang stehen.

und hilft bei der Routenplanung. Zudem kann man sein Ticket per Handy kaufen (kostenlos für iOS und Android).

Publikationen und Medien

In Wiesbaden gibt es zwei **Tageszeitungen,** die allerdings aus einem Verlag kommen. Älteste und auflagenstärkste ist der Wiesbadener Kurier, die zweite das Wiesbadener Tagblatt. Außerdem gibt es einige regelmäßig erscheinende kostenlose **Stadtteil- und Anzeigenblätter.** Lokale **Hörfunkinformationen** liefert hr4, die lokale Welle des Hessischen Rundfunks.

Internet

So gut wie alle **Hotels** und viele **Restaurants** und **Bistros** bieten ihren Kunden einen oft kostenlosen Internetzugang. Außerdem gibt es in der Stadt ein freies **WLAN-Netz,** das über 15 Hotspots verfügt. Eine Übersicht über die Standorte findet sich auf der Website www.wall.de/wifiwiesbaden.

LGBT+

Wiesbaden verfügt über eine kleine, aber feine queere Kulturszene. Zu den vielen Vereinen, in denen die LGBT-Gemeinde in Wiesbaden organisiert ist, gehört unter anderem der schwul-lesbische Chor „Die Uferlosen". Die **Caligari FilmBühne** (s. S. 93) zeigt einmal jährlich unter dem Titel **„Homonale"** queere Filme (https://homonale-wiesbaden.de). Der Verein **Warmes Wiesbaden** (www.warmeswiesbaden.de) organisiert gewöhnlich jeden zweiten Dienstagabend im Monat einen Stammtisch. Betont politisch gibt sich der 1978 gegründete schwul-lesbische Verein **Rosa Lüste** (www.rosalueste.de), der zahlreiche Veranstaltungen organisiert. Beliebte Treffpunkte sind:

- **108** [A5] **Café Klatsch,** Marcobrunnerstr. 9, Tel. 0611 440266, www.cafeklatsch-wiesbaden.de, Mo. 18.30–24, Di.–Do. 16–24, Fr.–So. 12–24 Uhr
- **109** [D2] **Trend,** Am Römertor 7, Tel. 0611 373040, www.trend-wi.de, tgl. ab 17 Uhr. Bistro-Bar für Schwule und Lesben.

Medizinische Versorgung

Wiesbaden gehört mit seinen zahlreichen Fachkliniken und Apotheken zu den medizinisch am besten versorgten deutschen Städten.

Krankenhäuser

- **110** [bi] **Dr.-Horst-Schmidt-Kliniken,** Ludwig-Erhard-Str. 100, Tel. 0611 432020 (Notaufnahme), www.helios-gesundheit.de
- **111** [G5] **St. Josefs Hospital Wiesbaden,** Beethovenstr. 20, Tel. 0611 1771480 (Notaufnahme), www.joho.de
- › **Zahnärztlicher Notdienst:** Tel. 0611 97170811

Apotheken

- **112** [D3] **Hirsch-Apotheke,** Marktstr. 29, Tel. 0611 302648, www.hirsch-apotheke-wi.de, Mo.–Fr. 8–18.30, Sa. 8.30–16 Uhr
- › **Diensthabende Apotheke:** Tel. 0800 0022833 oder www.aponet.de

Mit Kindern unterwegs

Vorbildlich sind die kindgerechten Angebote des **Museums Wiesbaden** 21. Sie reichen von Führungen für die Jüngsten bis zu Workshops, in denen der Nachwuchs an künstlerisches Arbeiten herangeführt wird. Über eine eigene Kinderabteilung verfügt die **Mauritius-Mediathek,** die für die kleinen Leseratten hin und wieder Vorlesestunden, für die älteren sogar eine eigene Schreibwerkstatt anbietet. Auch viele **Restaurants** sind auf Kinderbesuch eingestellt und bieten zum Teil eigene Speisekarten für die Jüngsten an.

Junge **Schlittschuhläufer** und **Kletterer** kommen in Wiesbaden ebenso auf ihre Kosten wie alle, die sich einfach nur auf einem der gut **150 Spielplätze** inner- und außerhalb der Stadt austoben wollen. Besonders große Plätze finden sich in der Adolfsallee [D5–6], am Wallufer Platz [A6] oder neben dem Jagdschloss Platte 36. An schönen Tagen locken auch offiziell ausgeschilderte **Walderlebnispfade.**

- › **Infos:** www.wiesbaden.de/leben-in-wiesbaden/gesellschaft/kinder/content/kinderspielplaetze.php
- **113** [ci] **Henkell-Kunsteisbahn,** Hollerbornstr. 38, Tel. 0611 312457, www.mattiaqua.de/freizeit/henkell-kunsteisbahn, Nov.–Mitte März, wechselnde Laufzeiten, Eintritt 3,40 €, Kinder

045wb Abb.: gs

1,70 €. Große Eisbahn, die im Sommer freitags und samstags von 14 bis 19 Uhr Skatern zur Verfügung steht. Schlittschuhe können geliehen werden. Gelegentlich freitags Eisdisco!

S114 [dg] **Kletterwald Neroberg,** Tel. 0170 4580466, www.kletterwald-neroberg.de, Öffnungszeiten je nach Ferien- und Wetterlage, Preise: 8–68 €

S115 [cg] **Luft- und Sonnenbad „Unter den Eichen“,** Platter Str. 200, Tel. 0611 523195, www.mattiaqua.de, April–Mai Di.–So. 11–20, Juni–Aug. tgl. 9–20, Sept. Di.–So. 11–20 Uhr, Eintritt 2,30 € Riesige Freifläche zum Erholen und Spielen, bei schlechtem Wetter geschlossen!

•116 [C3] **Mauritius-Mediathek (Stadtbibliothek),** Hochstättenstr. 6–10, Di.–Fr. 10–18, Sa. 10–14 Uhr

In der Fasanerie 35 kommt man den tierischen Bewohnern ganz nah

33 [bi] **Schloss Freudenberg.** Hier kann man seine Sinne testen. Ein Paradies für jüngere und ältere Kinder – vor allem an Regentagen.

•117 **Taunus Wunderland,** Haus Zur Schanze 1, Schlangenbad, Tel. 06124 4081, www.tauruswunderland.de, Mitte April–Anfang November Mi.–Mo. 9.30–18 Uhr, 24 € (Kinder zahlen nach Körpergröße). Abenteuerpark im Taunus mit verschiedenen Fahrgeschäften und anderen Attraktionen für Alt und Jung.

35 [bg] **Tier- und Pflanzenpark Fasanerie.** Großer Tierpark mit Spielgelände.

Notfälle

Notrufnummern

- **Polizei und Notruf:** Tel. 110
- **Feuerwehr und Rettungsdienst:** Tel. 112
- **Telefonseelsorge:** Tel. 0611 598715

Fundbüro

•118 [di] **Fundbüro der Stadt Wiesbaden,** George-Marshall-Str. 4, Tel. 0611 312120

- **Fundbüro der Verkehrsbetriebe im Rhein-Main-Gebiet:** Tel. 069 2424

Kartensperrung

Bei **Verlust der Debit-/Giro-, Kredit- oder SIM-Karte** gibt es für Kartensperrungen eine **deutsche Zentralnummer** (unbedingt vor der Reise klären, ob die eigene Bank bzw. der jeweilige Mobilfunkanbieter diesem Notrufsystem angeschlossen ist). **Aber Achtung:** Mit der telefonischen Sperrung sind die Bezahlkarten zwar für die Bezahlung/Geldabhebung mit der PIN gesperrt, nicht jedoch für das **Lastschriftverfahren mit Unterschrift.** Man sollte daher auf jeden Fall den

Verlust zusätzlich **bei der Polizei zur Anzeige bringen**, um gegebenenfalls auftretende Ansprüche zurückweisen zu können.

In **Österreich** und der **Schweiz** gibt es keine zentrale Sperrnummer, daher sollten sich Besitzer von in diesen Ländern ausgestellten Debit- oder Kreditkarten vor der Abreise bei ihrem Kreditinstitut über den zuständigen Sperrnotruf informieren.

Generell sollte man sich immer die **wichtigsten Daten** wie Kartennummer und Ausstellungsdatum **separat notieren**, da diese unter Umständen abgefragt werden.

- **Deutscher Sperrnotruf:** Tel. +49 116116 oder Tel. +49 3040504050
- **Weitere Infos:** www.kartensicherheit.de, www.sperr-notruf.de

Post

✉**119** [C4] **Deutsche Post Filiale,** Platz der Deutschen Einheit 1 (Wiesbaden City-Passage), Mo.–Sa. 8–20 Uhr

Radfahren

Mehr als 70 Kilometer umfasst das **Wiesbadener Radwegenetz.** Rund um die Stadt laden 200 Kilometer an Wirtschafts- und Waldwegen ebenfalls alle Pedal-Ritter ein. Allerdings sind die Strecken nicht immer flach. Vor allem Richtung Taunus werden kräftige Waden und viel Puste verlangt. Da tut ein Fahrrad mit Elektromotor gut!

Die **Radwege** sind meist gut ausgeschildert und es wird angestrebt, den Autoverkehr in den nächsten Jahren weiter zu verringern. Die Mobilität auf zwei Rädern unterstützen auch **Leihfahrradsysteme** wie **meinRad**, das mittels einer **App** (s. S. 119) genutzt werden kann. Im Wiesbadener Stadtgebiet stehen rund 500 Fahrräder in orange an zahlreichen Ausleihstationen zur Verfügung. Dazu kommen noch Mieträder in den Vororten und in Mainz, das mit dem System verbunden ist. Die 86 Standorte der Wiesbadener Stationen findet man in der App oder auf der Website

050wb Abb.: gs

Fahrradverleih im Wiesbadener Hauptbahnhof

von ESWE Verkehr, dem Mobilitätsdienstleister in der hessischen Landeshauptstadt. Die erste Stunde der Nutzung kostet 1,50 €, genauso viel jede weitere halbe Stunde.

› **Info:** https://www.eswe-verkehr.de/mobilitaet/fahrrad/app-und-co.html, Tel. 0611 45022450

Bei der **Tourenplanung** hilft die neue Radverkehrskarte, die im Städtischen Umweltladen (s. u.) zu haben oder kostenlos im Internet einzusehen ist (https://geoportal.wiesbaden.de/kartenwerk/application/rad). Der ADFC Wiesbaden (www.adfc-wiesbaden.de) offeriert auch **Erlebnistouren.** Für **Mountainbiker** gibt es auf dem Schläferskopf einen eigens ausgewiesenen Trail. Übrigens: Fahrräder können in S-Bahnen, Bussen und Straßenbahnen kostenlos mitgenommen werden, allerdings haben Reisende mit Kinderwagen oder Rollstuhlfahrer Vorrang. Eine Beförderungspflicht besteht nicht!

•120 [D4] **Städtischer Umweltladen,** Luisenstr. 19, Tel. 0611 313600, Mo., Fr., Sa. 10–14, Mi. 13–18 Uhr

Fahrradverleih

•121 [E7] **der Radler,** Fahrradstation am Gleis 11, Hauptbahnhof Wiesbaden, Tel. 0611 98819555, www.der-radler-wiesbaden.de, Mo.–Fr. 8–18, Mai–September auch Sa. 9–13 Uhr. Fahrradwerkstatt des Bauhauses mit Ausleihe. Sportliche und komfortable Modelle, auch Kinderräder. Gelegentlich werden auch Radausflüge organisiert (Anmeldung über die Website).

•122 [dk] **Fahrrad Ambrosius,** Mainstraße 22, Tel. 0611 66935, https://fahrrad-ambrosius.de, Mo., Di., Do., Fr. 10–18.30, Mi. 10–13, Sa. 10–14 Uhr. Fahrradwerkstatt im Vorort Biebrich mit Verleih von Elektrorädern.

Sicherheit

Für den Reisenden ist Wiesbaden in den letzten Jahren immer sicherer geworden. So ging die Zahl der Autoaufbrüche ebenso zurück wie die Straßenkriminalität. Die Polizei führt ihre Erfolge in Sachen Kriminalitätsbekämpfung auf die ausgeweiteten **Alkoholverbote** im öffentlichen Raum und die Installierung von **Videokameras** in Arealen wie dem Bereich um den Hauptbahnhof oder am Platz der Deutschen Einheit zurück. Trotzdem sollte man nachts abgelegene Parkanlagen ebenso meiden wie schlecht oder gar nicht beleuchtete Orte und Wertsachen nicht in geparkten Autos zurücklassen.

123 [B4] **1. Polizeirevier Wiesbaden,** Bertramstr. 3, Wiesbaden, Tel. 0611 3452140

Stadttouren

Das Angebot an organisierten Touren ist groß. Öffentliche, **ca. 90-minütige Stadtführungen** offeriert die Wiesbaden Marketing GmbH samstags um 10.30 Uhr (Februar–November). Von April bis Oktober gibt es zusätzliche Samstags-Touren um 14.30 Uhr (Kosten: 11,50 €, Kinder bis 12 Jahre 6,80 €). **Spezialisierter** sind die Führungen zu Themen wie Jugendstil oder Badekultur. Hin und wieder gibt es **Kostümführungen,** bei denen die Guides in die Rollen berühmter und weniger berühmter Originale schlüpfen, z. B. die Fjodor Michailowitsch Dostojewskis, der in Wiesbadens Spielbank viel Geld verlor. Auch **Dialekt-Führungen** sind im Angebot. Über **Termine und Preise** der einzelnen Spezial- und Themenführungen informiert die Website:

› www1.wiesbaden.de/microsites/tourismus/entdecken-erleben/fuehrung-rundgaenge.php

Von März bis Dezember verkehrt die sogannte **THermine** – ein Stadtbähnchen auf Rädern, das in einer knappen Stunde die wichtigsten Sehenswürdigkeiten Wiesbadens ansteuert. Von April bis Oktober ist die THermine täglich ab 10 Uhr unterwegs, im März und November nur am Wochenende. Während des Sternschnuppenmarkts von Ende November bis zum dritten Adventssonntag geht es dann wieder täglich auf Fahrt. Start und Ziel ist gegenüber der Tourist-Information.

› https://thermine.de

Geographie für Alle bietet unter anderem Touren über die Wilhelmstraße, durch den Hauptbahnhof oder über die großen Friedhöfe der Stadt. Dazu kommen Führungen zur Stadtgeschichte und zu den alten Villen in der Landeshauptstadt. Auch per Fahrrad ist es möglich, das eine oder andere zu entdecken.

Fast noch mehr Rundgänge hat die Organisation **KulTour & Mehr** im Angebot, sie führen etwa durchs Quellenviertel oder folgen den Spuren der Herzöge durch die Stadt. Andere rücken mit der Laterne das abendliche Wiesbaden in ein anderes Licht.

› www.geographie-fuer-alle.de

› www.kultour-und-mehr.de

051wb Abb.: gs

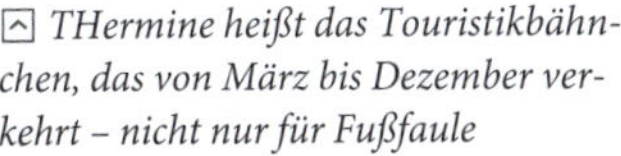

THermine heißt das Touristikbähnchen, das von März bis Dezember verkehrt – nicht nur für Fußfaule

Kurkarte

Übernachtungsgäste erhalten eine nicht übertragbare Kurkarte, die ihnen **zahlreiche Vorteile** bringt – etwa Rabatte bei der Fahrt mit dem Touristikbähnchen THermine (s. l.), der Nerobergbahn 18, in der Caligari FilmBühne (s. S. 93) und der Spielbank 11. Zum Besuch des Museums Wiesbaden 21 gibt es ermäßigte Eintrittskarten – ebenso für die Kaiser-Friedrich-Therme 9, das Thermalbad Aukammtal (s. S. 114) und das Opelbad auf dem Neroberg (s. S. 49).

Die **Kurtaxe** beträgt 3 € pro Tag. Sie gilt nicht für Personen, die sich nur beruflich in Wiesbaden aufhalten oder dort an Tagungen, Lehrgängen, Kursen oder Messen teilnehmen. Auch wer in privaten Haushalten unterkommt, zahlt keine Kurtaxe – ebenso Kranke und Schüler auf Klassenfahrten.

Unterkunft

Viele Dutzend Hotelbetriebe finden sich in und um Wiesbaden. Die meisten **Hotelzimmer** waren bislang Businessreisenden vorbehalten. Die im Zuge der Coronakrise deutlich zurückgegangene Zahl der Dienstreisen ist für Tages- oder Kurzzeitreisende insofern von Vorteil, als dass ihnen mehr Hotelkapazitäten bleiben: vielleicht ja ein langfristiger Trend. **Private Zimmer** vermittelt die Agentur bed & breakfast:

› https://bed-and-breakfast.de

Preiskategorien

Preiskategorien für Doppelzimmer ohne Frühstück

€	bis 90 €
€€	90–150 €
€€€	ab 150 €

Unterkunftsempfehlungen

124 [C5] **Alexander** €, Rheinstr. 72, Tel. 0611 992850, www.hotel-alexander.de. **Wohnen nahe dem CongressZentrum:** einfaches Dreisternehaus mit individuell eingerichteten Zimmern.

125 Courtyard by Marriott Wiesbaden €, Ostring 9, www.marriott.de, Tel. 06122 8010. **Preisgünstige Markenqualität:** preisgünstiges Hotel im Stadtteil Nordenstadt mit 139 Zimmern. Kostenloses Parken, Restaurant und Lobby-Bar.

126 [E6] **Dorint Pallas** €€, Auguste-Viktoria-Str. 15, Tel. 0611 33060, http://hotel-wiesbaden.dorint.com. **Wohnen wie die Kennedys:** ehemaliges Offiziershotel der US-Luftwaffe, in dem 1963 US-Präsident J. F. Kennedy residierte. Seine Suite mit Sauna und Whirlpool ist noch heute zu mieten.

127 [G3] **GDA Hotel Hildastift am Kurpark** €, Hildastraße 2, Tel. 0611 1530, www.gda-hotel-hildastift.de. **Gästezimmer für Senioren:** Das Seniorenheim am Kurpark hat auch einige barrierefreie Gästezimmer, die speziell auf die individuellen Bedürfnisse betagter Menschen ausgerichtet werden können.

Das Traditionshotel Nassauer Hof in Frühlingskulisse

052wb Abb.: gs

128 [C2] **Oranien Hotel and Residences** €€, Platter Straße 2, Tel. 0611 18820, www.hotel-oranien.de. **Wohnen in der Stadtmitte:** zeitlos elegantes Hotel mit 77 Zimmern und eigenem Parkplatz. Restaurant im Haus, Hunde erlaubt.

129 [dh] **Jugendherberge Wiesbaden** €, Blücherstr. 66, Tel. 0611 48657, www.djh-hessen.de. **Gut und günstig:** Das Gästehaus ist relativ zentral gelegen und verfügt über 202 Betten. Alle Zimmer, darunter auch 15 Doppelzimmer, mit Dusche und WC, großes Freigelände mit Fußballplatz.

130 [D7] **Motel One** €, Kaiser-Friedrich-Ring 81, Tel. 0611 4502080, www.motel-one.com. **Ideal für Bahnreisende:** einfaches, modern ausgestattetes Kettenhotel direkt neben dem Bahnhof. Gutes Preis-Leistungs-Verhältnis.

131 [E2] **Nassauer Hof** €€€, Kaiser-Friedrich-Platz 3–4, Tel. 0611 1330, www.nassauer-hof.de. **Luxus und Eleganz:** renommiertes Hotel in Wiesbaden mit rund zweihundertjähriger Tradition. Sternerestaurant im Haus, eigene Badelandschaft.

132 [D2] **Radisson Blu Schwarzer Bock** €€, Kranzplatz 12, Tel. 0611 1550, www.radissonblu.com/hotel-wiesbaden. **Hotel mit Thermenbad:** Deutschlands ältestes Grandhotel verbindet zeitlose Eleganz mit moderner Technik. Eigenes Badehaus, zentrale Lage.

133 [E2] **Town Hotel** €€, Spiegelgasse 5, Tel. 0611 360160, www.townhotel.de. **Privat geführtes Haus zum Wohlfühlen:** 24 moderne und helle Zimmer mit großen Flachbildschirmen und über 100 Satellitenprogrammen.

134 **Twice Hotel** €-€€, Otto-von-Guericke-Ring 5, Tel. 06122 53790, www.twice-hotels.de/wiesbaden/hotel. **Für Junggebliebene und Globetrotter:** Im Vorort Nordenstadt locken individuell eingerichtete Zimmer und ein großes Frühstücksbuffet. Gewöhnen muss sich der Gast allerdings daran, hier immer geduzt zu werden.

Haustiere

Man kann sein Haustier problemlos nach Wiesbaden mitnehmen. Allerdings müssen **Hunde** in den meisten Grünanlagen und in allen Fußgängerzonen, Über- und Unterführungen **angeleint** werden. Außerdem sind Hundeführer verpflichtet, einen **Kotbeutel** mit zu führen und ihn im Fall des Falles auch zu nutzen. Einige Hotels bieten Hunden oder Katzen Übernachtungsmöglichkeiten, z. B. das Oranien Hotel (s. links). Für den Notfall gibt es eine rund um die Uhr geöffnete **Tierklinik** im benachbarten Hofheim (Tel. 06192 290290). Den Diensthabenden unter Wiesbadens **Tierärzten** findet man unter: www.wiesbadener-tierärzte.de.

135 **Villa Rheinblick** €€, An der Klaus 6, Tel. 06134 260200, www.villa-rheinblick.de. **In Wiesbaden mit Blick auf Mainz:** viel gelobtes Gästehaus im Vorort Mainz-Kastel. Auf Wunsch gibt es Frühstück ans Bett. Zum Rhein ist es nur ein Katzensprung.

Camping

136 **Campingplatz Maaraue (Internationaler Campingplatz Mainz-Wiesbaden),** Maaraue 48, 55246 Mainz-Kostheim, Tel. 06134 2575922, www.campingplatz-maaraue.de, April–Mitte Okt. Großer Campingplatz auf der Maaraue in Kostheim, direkt am Rhein, Blick auf den Mainzer Dom und die Mainzer Altstadt.

137 [cj] **Reisemobilhafen Wiesbaden,** Wörther-See-Straße 29, Tel. 0172 6627012, www.reisemobilhafen-wiesbaden.de. Ganzjährig geöffneter Stellplatz mit Stromanschluss. Busverbindung in die Stadt, Stellplatz ab 12 €.

053wb Abb.: gs

Rettbergsaue heißt eine Rheininsel vor Biebrich und Schierstein, die über zwei Campingplätze für Zelter verfügt. Wer will, kann dort von Ende April bis September nächtigen. Das romantische Quartier ist allerdings nur mit einem Boot, der „Tamara“, zu erreichen. Sie verkehrt vom Schiersteiner Hafen oder vom Biebricher Rheinufer aus täglich.

- ▲**138** [dk] **Campingplatz Rettbergsaue Biebrich,** Tel. 0611 24551
- ▲**139** [ck] **Campingplatz Rettbergsaue Schierstein,** Tel. 0611 24508

⌃ *Die Stadtbusse bedienen mehr als vierzig Linien*

› *Das Ausflugsschiff „Tamara“ fährt im Sommer zur Rettbergsaue, wo sich auch Zeltplätze (s. S. 127) befinden*

Verkehrsmittel

Busse

Wiesbaden hat ein leistungsfähiges Busnetz. Die knapp 300 Fahrzeuge der **ESWE Verkehrs GmbH** bedienen 43 Linien mit einem Streckennetz von über 600 Kilometern und befördern jährlich gewöhnlich mehr als 60 Millionen Fahrgäste. **Umsteigeknotenpunkte** sind der **Platz der Deutschen Einheit** [C3–4], von wo auch die Bus-

Fahrpläne und Störungen

Ein **interaktiver Netzplan** für Busse und die Mainzer Straßenbahn findet sich unter www.netzplan-wiesbaden.de. **Telefonische Auskünfte** gibt es rund um die Uhr über die Hotline des Rhein-Main-Verkehrsverbunds unter Tel. 069 24248024. Die **RMV-App** (s. S. 119) informiert über Störungen im Betriebsablauf.

> **Ski und Rodel gut**
> **„Ski-Express"** heißt an schneesicheren Wintertagen die Buslinie 30. Dann bringen die Busse Wanderer, Langläufer oder Schlittenfahrer auf die Platte, den fast 500 Meter hohen Taunusberg.

se nach Mainz fahren, die Haltestelle **Luisenplatz** 25 und der **Hauptbahnhof** 23. Die Busse verkehren vom frühen Morgen bis zum späten Abend, auf den wichtigsten Strecken meist im Zehnminutentakt. Nachts fahren die sogenannten **Nightliner-Busse** in der Nacht zu Samstag und Sonntag und vor allen Feiertagen.

Tickets gibt es in der Mobilitätszentrale (s. r.), an zahlreichen Automaten an den zentralen Haltestellen und via App (s. S. 119). Am besten sind Touristen mit einer in Wiesbaden und Mainz gültigen **Tageskarte** bedient. Sie berechtigt zu beliebig vielen Fahrten mit beliebigem Umsteigen. Gruppen bis fünf Personen, ganz gleich ob Erwachsene oder Kinder, fahren am besten mit einer **Gruppentageskarte.** Für einfache Fahrten empfiehlt sich der **Einzelfahrschein.** Er ist für Erwachsene bzw. Kinder zwischen 6 und 14 Jahren erhältlich, wird beim Fahrtantritt erworben und bereits entwertet ausgegeben. Preiswerter sind die ausschließlich im Vorverkauf erhältlichen, aus fünf preisreduzierten Einzelfahrscheinen bestehenden **Sammelkarten.** Wer nur Kurzstrecken fährt, also nur bis zu drei Haltestellen (maximal 2 Kilometer) unterwegs ist, kauft ein **Kurzstreckenticket.** Für Fahrten ins Wiesbadener Umland gelten die **Tarife des Rhein-Main-Verkehrsverbundes (RMV).** Persönliche Beratung und Tickets gibt es in der Mobilitätszentrale:

- •**140** [D3] **Mobilitätszentrale von ESWE Verkehr,** Marktstraße 10, Mo.–Sa. 8–19 Uhr
- › **Infos:** www.eswe-verkehr.de und www.rmv.de

Schifffahrt

In dem am Rhein gelegenen Vorort **Biebrich** 28 findet sich eine Anlegestelle der **Köln-Düsseldorfer Deutsche Rheinschifffahrt AG.** Von April

054wb Abb.: gs

bis Oktober halten dort die Linienschiffe auf ihren fahrplanmäßigen Touren nach Köln/Bonn oder Mainz. Außerdem gibt es die **Primus-Linie,** die im Sommer verschiedene Ziele wie Frankfurt oder Mainz ansteuert, und **Ausflugsfahrten** sowie sogenannte **After-Work-Shipping-Touren** anbietet, bei denen ein DJ nach Feierabend Musik zum Tanzen und Feiern auflegt. Die Anlegestelle befindet sich neben der der Köln-Düsseldorfer Rheinschifffahrt in der Rheingaustraße.

- •141 [dk] **Köln-Düsseldorfer Deutsche Rheinschifffahrt AG,** Rheingaustr. 145, Tel. 0611 600995, www.k-d.com
- › **Primus-Linie,** Tel. 069 1338370, www.primus-linie.de

Taxi

Größere **Taxistände** finden sich in der Innenstadt unter anderem am Kurhaus 11, am Hauptbahnhof 23 und am Marktplatz [D/E3]. **Fahrten** innerhalb der Innenstadt oder zu den Hotels am Stadtrand schlagen meist mit 15 bis 25 Euro zu Buche. Zum **Flughafen** in Frankfurt gibt es Spezialtarife.

- › **Wiesbadener Taxizentrale,** Tel. 0611 333333, www.taxiwiesbaden.de
- › **Funk-Taxi-Dienst,** Tel. 0611 444444, www.taxi-444444.de
- › **Lilien-Taxi Wiesbaden,** Tel. 0611 99999, www.taxi-wiesbaden.de

Wetter und Reisezeit

Wiesbaden ist das ganze Jahr einen Besuch wert. Dafür sorgen auch die jährlich über zweitausend Sonnenstunden bzw. mehr als 70 Tage, an denen das Thermometer über 25 ° Celsius steigt. Besonders schön ist es im **Sommer** und **Herbst,** aber auch in der **Zeit vor Weihnachten,** wenn der Sternschnuppenmarkt lockt und die Innenstadt sich in ein Lichtermeer verwandelt. Da Wiesbaden an den Taunus grenzt und sich die Regenwolken aus dem Westen dort hin und wieder festkrallen, muss man immer auch mit **Regen** rechnen. Im Winter sinken die **Temperaturen** nur bei stabilen Hochdrucklagen länger unter die Null-Grad-Grenze. Im Sommer muss man dagegen wegen der Kessellage der Stadt oft mit schwüler Hitze rechnen. Außer während **großer Kongresse** oder bei **Großveranstaltungen** ist die Stadt nie überlaufen. Touristen kommen deshalb fast immer auf ihre Kosten und da Kunst und Kultur das ganze Jahr über im Angebot sind, wird in Wiesbaden kaum Langeweile aufkommen.

Durchschnitt	Wetter in Wiesbaden											
Maximale Temperatur	4°	7°	10°	15°	19°	24°	26°	25°	20°	14°	8°	6°
Minimale Temperatur	–1°	0°	2°	4°	8°	12°	14°	13°	10°	7°	3°	1°
Regentage	10	8	8	9	10	10	10	10	8	8	10	10
	Jan	Febr	März	Apr	Mai	Juni	Juli	Aug	Sept	Okt	Nov	Dez

079wb Abb.:gs

Register

REISE
KNOW-HOW

Impressum

Günter Schenk

CityTrip Wiesbaden

2., neu bearbeitete und aktualisierte Auflage 2022

ISBN 978-3-8317-3539-6

Printed in Germany

Druck und Bindung:
mediaprint solutions GmbH, Paderborn

Herausgeber: Klaus Werner
Layout: amundo media GmbH (Umschlag, Inhalt), Peter Rump (Umschlag)
Lektorat: amundo media GmbH
Karten: Ingenieurbüro B. Spachmüller, amundo media GmbH
Anzeigenvertrieb: KV Kommunalverlag GmbH & Co. KG, Alte Landstraße 23, 85521 Ottobrunn, Tel. 089 928096-0, info@kommunal-verlag.de
Kontakt: Osnabrücker Str. 79, 33649 Bielefeld, info@reise-know-how.de

Alle Angaben in diesem Buch sind gewissenhaft geprüft. Preise, Öffnungszeiten usw. können sich jedoch schnell ändern. Für eventuelle Fehler übernehmen Verlag wie Autor keine Haftung.

Bildnachweis

Umschlagvorderseite: stock.adobe.com©EKH-Pictures | Umschlagrückseite und Umschlagklappe rechts: Günter Schenk
Soweit ihre Namen nicht vollständig am Bild vermerkt sind, stehen die Kürzel an den Abbildungen für die folgenden Fotografen, Firmen und Einrichtungen. Günter Schenk: gs | stock.adobe.com: as

Liste der Karteneinträge

Hier nicht aufgeführte Nummern liegen außerhalb der abgebildeten Karten. Ihre Lage kann aber wie die von allen Ortsmarken im Buch mithilfe der Web-App angezeigt werden (s. S. 143).

Zeichenerklärung

10 Hauptsehenswürdigkeit, fortlaufend nummeriert
[D1] Verweis auf Planquadrat im Kartenmaterial

Arzt, Apotheke, Krankenhaus
Bar, Klub
Bibliothek
Biergarten, Kneipe
Café
Campingplatz
Denkmal
Fischrestaurant
Friedhof
Galerie
Geschäft, Kaufhaus, Markt
Hotel, Unterkunft
Imbiss
Informationsstelle
Jugendherberge
Kirche
Kino
Museum
Musikszene, Disco
Parkplatz/-haus
Polizei
Post
Restaurant
Sehenswürdigkeit
Sonstiges
Sporteinrichtung, Thermalbad
Synagoge
Theater
Turm
Vegetarisches Restaurant
S-Bahnhof

Shoppingareal
Gastro- und Nightlife-Areal

Stadtspaziergang Wiesbaden (s. S. 13)
Rundgang Mainz (s. S. 74)

Wiesbaden mit PC, Smartphone & Co.

QR-Code auf dem Umschlag scannen oder **www.reise-know-how.de/citytrip/wiesbaden22** eingeben und die **kostenlose Web-App** aufrufen (Internetverbindung zur Nutzung nötig)!

★ **Anzeige der Lage und Satellitenansicht aller** beschriebenen Sehenswürdigkeiten und touristisch wichtigen Orte
★ **Routenführung** vom aktuellen Standort zum gewünschten Ziel
★ **Exakter Verlauf** des empfohlenen Stadtspaziergangs
★ **Updates** nach Redaktionsschluss

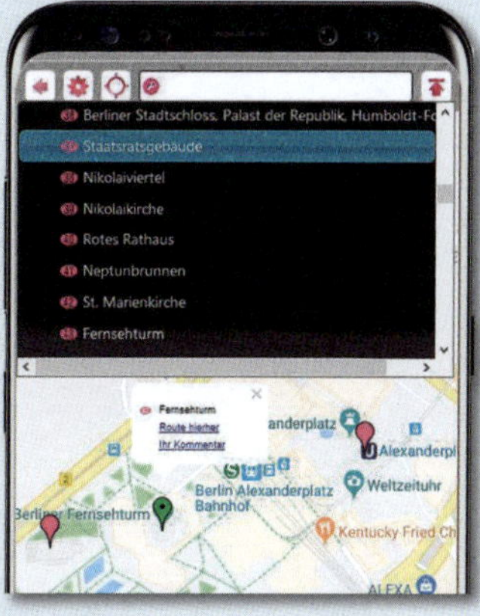

GPS-Daten zum Download

Die GPS-Daten aller Ortsmarken und des Spaziergangs können hier geladen werden: www.reise-know-how.de, dann das Buch aufrufen und zur Rubrik „Datenservice" scrollen.

Stadtplan für mobile Geräte

Um den Stadtplan auf Smartphones und Tablets nutzen zu können, empfehlen wir die App „Avenza Maps" der Firma Avenza™. Über die Funktion „Store" kann die „Citymap Wiesbaden 2022" kostenlos geladen werden.

Unsere App-Empfehlungen zu Wiesbaden

- **Wiesbaden +:** Infos zu kulturellen und touristischen Angeboten der Stadt, Überblick über Parkmöglichkeiten, Tipps zu Hotels und Gastronomie (kostenlos für iOS und Android).
- **Kulturpfad:** Informationen zu mehr als 30 Wiesbadener Kultureinrichtungen und deren Erreichbarkeit (kostenlos für iOS und Android).
- **ESWE Verkehr meinRad Wiesbaden:** Diese App erlaubt die Nutzung der orangefarbenen Mieträder, die übers Stadtgebiet verteilt sind (kostenlos für iOS und Android).
- **RMV Rhein-Main-Verkehrsverbund:** Die App enthält eine Fahrplanauskunft und hilft bei der Routenplanung. Zudem kann man sein Ticket per Handy kaufen (kostenlos für iOS und Android).

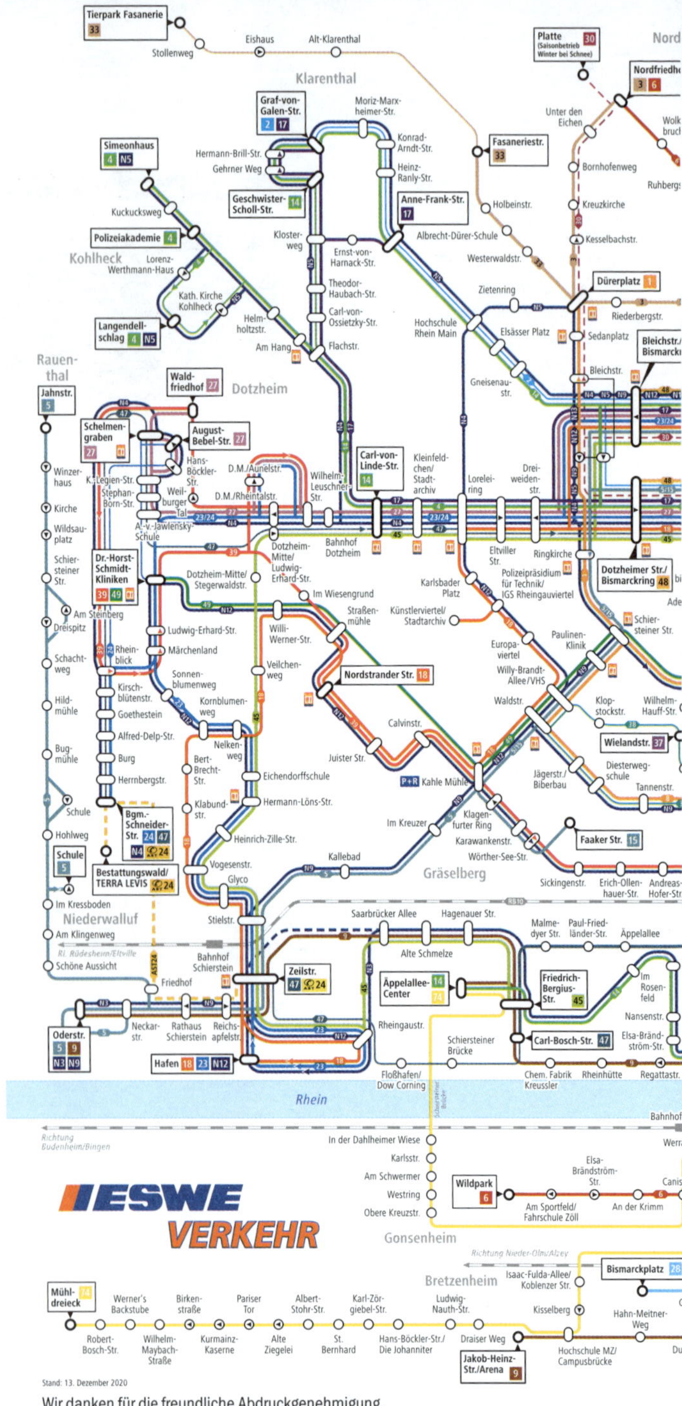

Wir danken für die freundliche Abdruckgenehmigung.